PEINDRE ET DESSINER DES CHEVAUX

PEINDRE ET DESSINER DES CHEVAUX

Jennifer BELL

VIGOT

1 JE SUIS TOMBÉE FOLLE AMOUREUSE DES PONEYS À L'ÂGE DE QUATRE ANS, ET ME SUIS RÉFUGIÉE DANS UN MONDE FANTASTIQUE DE CHEVAUX POUR COMPENSER LE FAIT DE NE PAS EN AVOIR UN À MOI. MÊME AUJOURD'HUI, MON GRAND PLAISIR, QUAND JE PEINS, EST DE CRÉER DES PERSONNAGES, DES SITUATIONS ET DES HISTOIRES, QUI DEVIENDRONT RÉALITÉ POUR LES AUTRES. MAIS, POUR QUE LES DESSINS SOIENT CONVAINCANTS, ILS DOIVENT ÊTRE PLUS RÉALISTES QU'IDÉALISÉS, CE QUI IMPLIQUE QU'IL FAUT TRAVAILLER BEAUCOUP, AVOIR LE SENS DE L'OBSERVATION ET PRÊTER ATTENTION AU DESSIN, MAIS CELA EN VAUT LA PEINE...

AU SUJET DE CE LIVRE UNE **MAUVAISE** NOUVELLE : CE N'EST QUE PAR LA PRATIQUE, TOUJOURS LA PRATIQUE ET ENCORE LA PRATIQUE QUE L'ON DESSINERA BIEN LES CHEVAUX. UNE **BONNE** NOUVELLE : IL Y A DES RACCOURCIS QUI PERMETTENT D'OBTENIR DES DESSINS QUI ONT L'AIR NATUREL, ET CE LIVRE VA VOUS MONTRER COMMENT VOUS Y PRENDRE.

JE VAIS ESSAYER DE VOUS EXPLIQUER COMMENT LES CHEVAUX PENSENT ET SE DÉPLACENT, ET AUSSI COMMENT ON LE REND SUR LA FEUILLE DE PAPIER. CERTAINS CONSEILS SERONT UTILES IMMÉDIATEMENT, LES AUTRES SERVIRONT PLUS TARD.

UN DESSIN NE DOIT PAS OBLIGATOIREMENT ÊTRE UN CHEF-D'ŒUVRE. LORSQUE JE PRÉPARE UNE ILLUSTRATION, JE COMMENCE PAR FAIRE DES ESQUISSES SUR DES BOUTS DE PAPIER OU DERRIÈRE D'ANCIENS DESSINS. AINSI, SI JE FAIS DES ERREURS, CELA N'A PAS D'IMPORTANCE. DESSINEZ ET PEIGNEZ SUR TOUT CE QUE VOUS AVEZ SOUS LA MAIN. AYEZ UN BLOC BON MARCHÉ POUR VOS GRIFFONNAGES, ET ÉVENTUELLEMENT UN DOSSIER POUR LES CROQUIS QUI VOUS SEMBLENT INTÉRESSANTS, CAR ON NE SAIT JAMAIS, IL EST POSSIBLE QU'ILS SOIENT UTILES UN JOUR POUR SERVIR DE DOCUMENTATION.

EXPÉRIMENTEZ LA COULEUR, LA FORME ET LE TRAIT. NE VOUS EN TENEZ PAS AUX TECHNIQUES ET AUX FORMES AVEC LESQUELLES VOUS ÊTES À L'AISE. ÉLARGISSEZ VOTRE CHAMP ET INTÉRESSEZ-VOUS AU SUJET **DANS SON ENSEMBLE**. ESSAYEZ AUSSI D'ÊTRE AUTOCRITIQUE, CAR SI VOUS ÊTES SYSTÉMATIQUEMENT CONTENT DE VOUS, VOUS NE POURREZ PAS VOUS AMÉLIORER RAPIDEMENT. SOYEZ OUVERT À LA CRITIQUE ET AUX NOUVEAUTÉS.

ACHETEZ AUTANT QUE POSSIBLE DU MATÉRIEL DE BONNE QUALITÉ : CELA SIMPLIFIE LA VIE. INFORMEZ VOUS SUR TOUTES LES TECHNIQUES QUE VOUS TROUVEZ ET ESSAYEZ-LES, CAR LES DIFFÉRENTES PEINTURES PEUVENT CRÉER DES EFFETS DIVERS. REGARDEZ COMMENT LES AUTRES ARTISTES LES ONT UTILISÉES.

LE DESSIN N'EST PAS SEULEMENT UN MOYEN DE DÉVELOPPER SON TALENT ; IL RÉPOND AUSSI AU BESOIN QUI EST EN NOUS, DE CRÉER ET DE MAÎTRISER. QUE NOUS AYONS UNE PRÉDILECTION POUR DESSINER DES PUR-SANG ARABES ROMANTIQUES QUI COURENT EN LIBERTÉ OU DES CHEVAUX QUI SAUTENT À DES HAUTEURS SURPRENANTES, DANS NOTRE IMAGINAIRE NOUS COMPLÉTONS NOTRE MONDE RÉEL EN TOUTE SÉCURITÉ. L'IMAGINATION EST EN EFFET L'UN DE NOS AVANTAGES LES PLUS PRÉCIEUX, ET, DÉVELOPPÉE AVEC UN CERTAIN SENS DE L'HUMOUR, ELLE EST INDISPENSABLE À NOS VIES. SANS IMAGINATION, UN IMMENSE TALENT EN PEINTURE OU EN DESSIN N'EST RIEN, MAIS AVEC, LES POSSIBILITÉS SONT INFINIES !

2 Les animaux sont compliqués à dessiner, car ils changent de forme à chaque mouvement, et chaque individu a sa propre personnalité. Nombreux sont les détails qui peuvent changer le caractère de votre dessin, mais votre but doit toujours être de coucher sur le papier ce que vous voyez en imagination. Pensez clairement avant de travailler la proportion et le mouvement.

La façon de commencer la plus simple est de décomposer le cheval en formes de base articulées entre elles. Ce n'est pas de la géométrie, mais une aide pratique et qui marche. Si on s'applique à construire ces formes dès le début, elle finiront par devenir instinctives avec le temps.

1 Commencez par faire un cercle, un ovale et un second cercle se chevauchant légèrement, pour les épaules, la cage thoracique et l'arrière-main.

2 Placez un triangle pointu de biais sur le cercle antérieur, pour le cou et la tête.

3 Le corps et les jambes occupent un carré lorsque le cheval est debout immobile ; les genoux et les jarrets sont à peu près (tout est approximatif) à mi-chemin entre le corps et le sol.
Vues de derrière, les côtes sont arrondies, mais les épaules ont l'air triangulaire (en bas à droite).

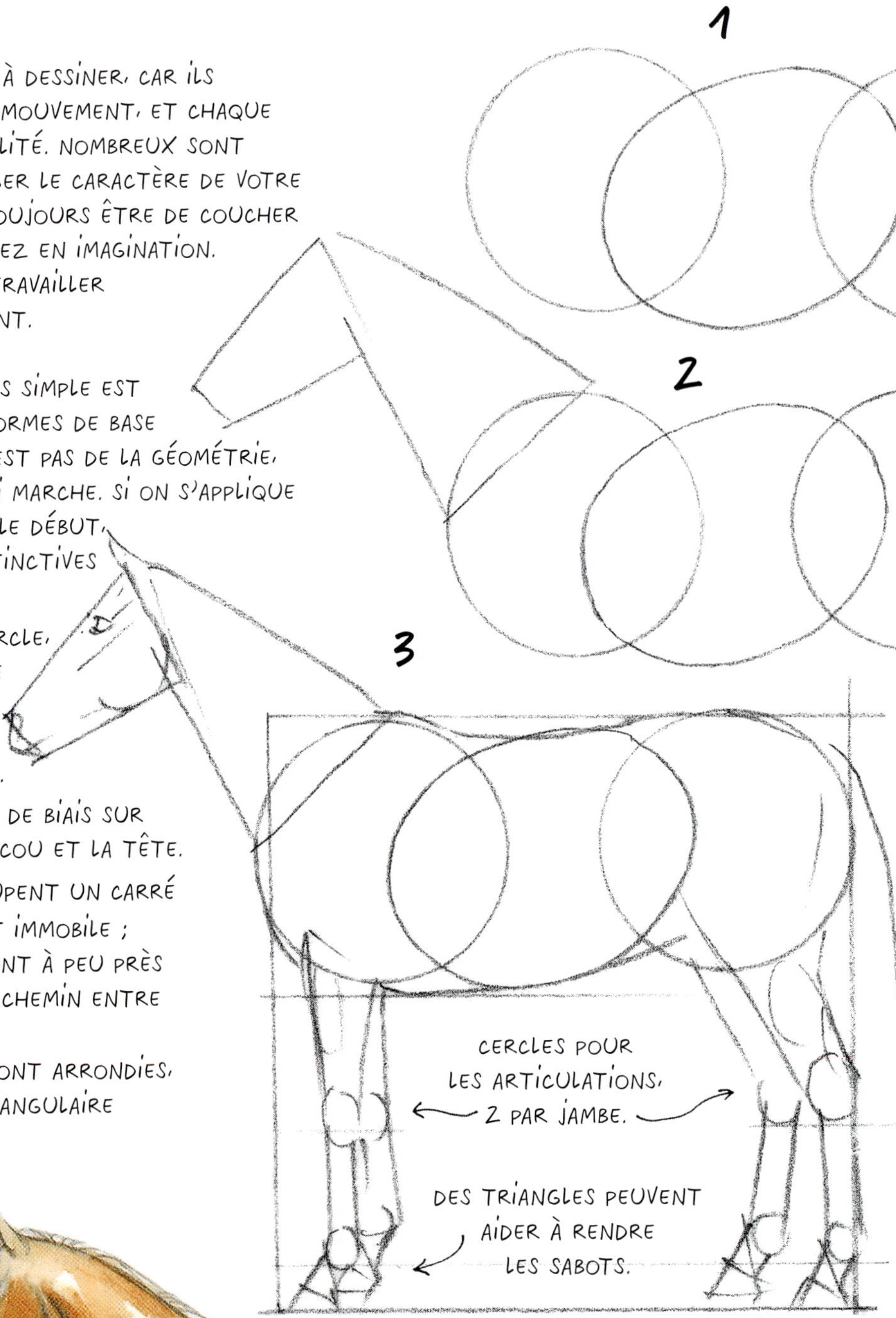

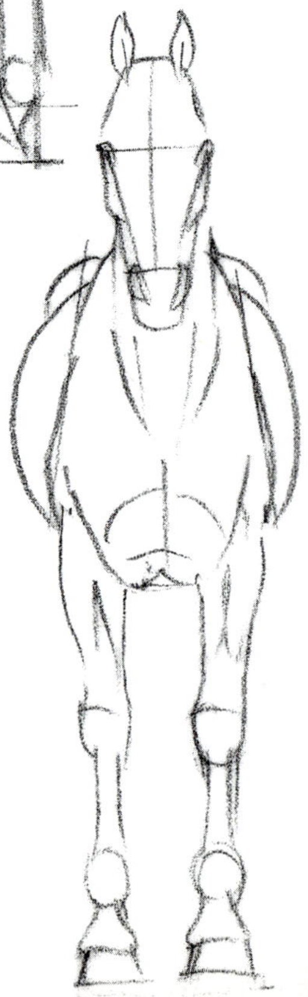

TROIS CERCLES SEMBLABLES ONT ÉTÉ UTILISÉS COMME BASE POUR LES DESSINS SUIVANTS. LE CARACTÈRE D'UN CHEVAL PEUT ÊTRE INDIQUÉ AVEC UN MINIMUM D'EFFORT, EN ALTÉRANT SIMPLEMENT LES PROPORTIONS DES JAMBES ET DE LA TÊTE PAR RAPPORT AU CORPS, ET EN PLAÇANT LES MEMBRES LÀ OÙ ILS EXPRIMENT LE MIEUX LE GENRE DE MOUVEMENT QU'ILS EFFECTUENT.

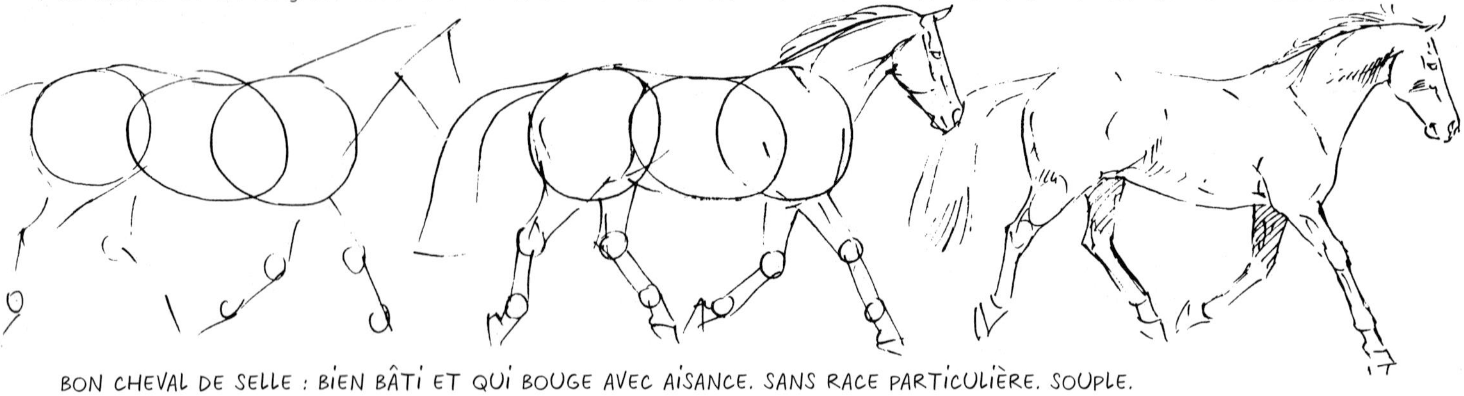

BON CHEVAL DE SELLE : BIEN BÂTI ET QUI BOUGE AVEC AISANCE. SANS RACE PARTICULIÈRE. SOUPLE.

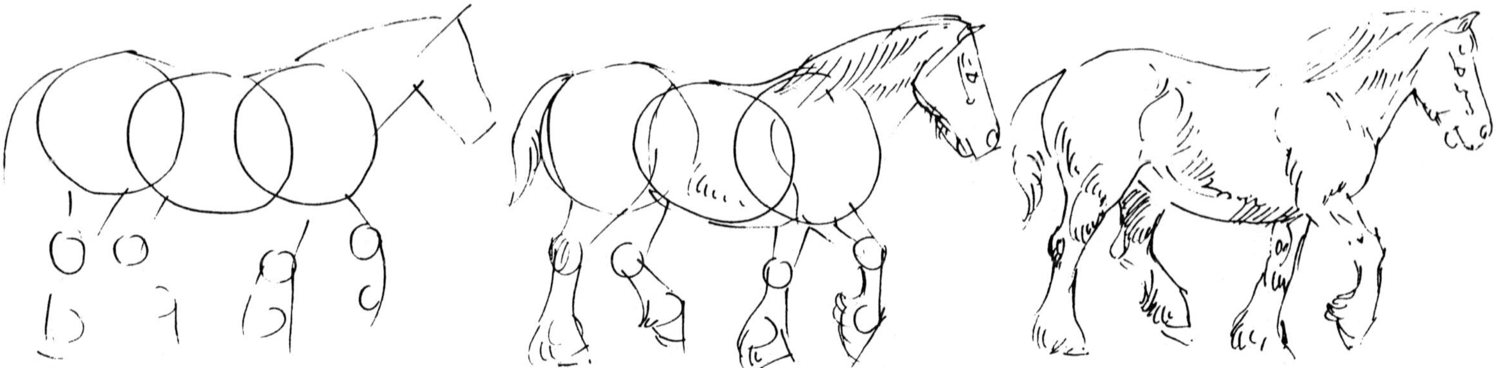

CHEVAL DE LABOUR. PEUT-ÊTRE UN ARDENNAIS. COU COURT ET ENFONCÉ, PLACÉ BAS SUR SES ÉPAULES PUISSANTES. TÊTE PLUTÔT CARRÉE ; JAMBES FORTES AVEC GROSSES ARTICULATIONS ET POILS LONGS. FOULÉES COURTES.

PONEY WELSH MOUNTAIN : COU COURT ET ENFONCÉ, MAIS HAUT PLACÉ. JAMBES COURTES ET FORTES AVEC DE PETITS SABOTS. CORPS BIEN ARRONDI ; CRINIÈRE ET QUEUE FLOTTANTES ; TÊTE COURTE AVEC POMMETTES GRANDES.

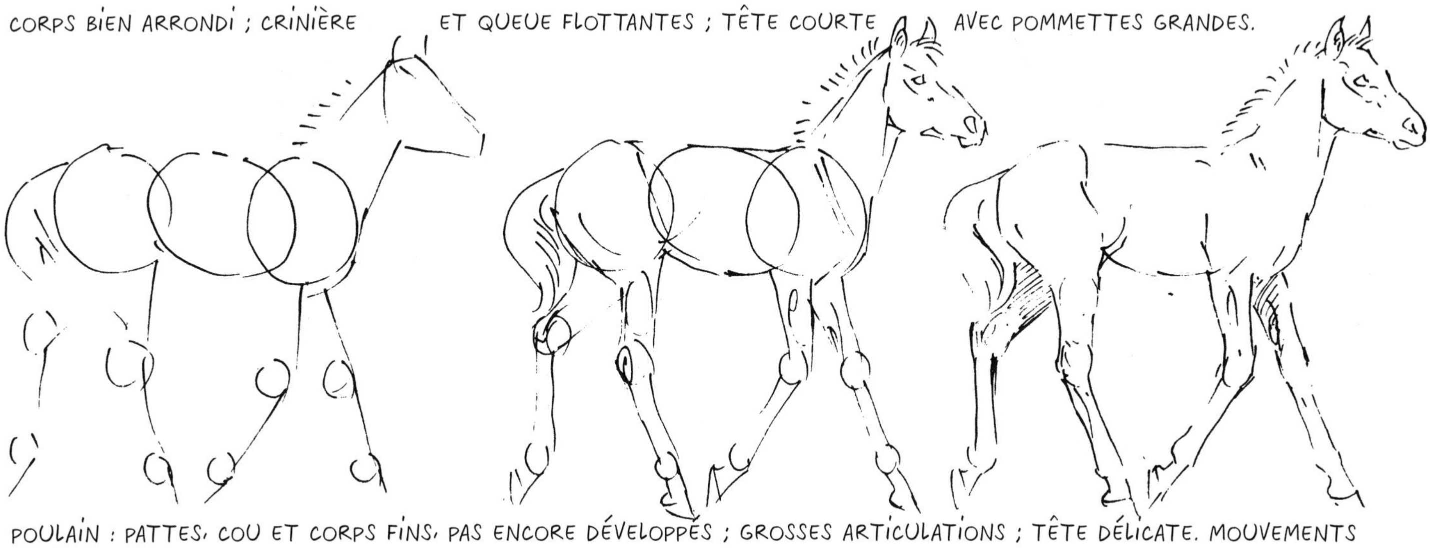

POULAIN : PATTES, COU ET CORPS FINS, PAS ENCORE DÉVELOPPÉS ; GROSSES ARTICULATIONS ; TÊTE DÉLICATE. MOUVEMENTS IRRÉGULIERS.

3 CERTAINES PARTIES DU CHEVAL NE S'INSCRIVENT PAS EXACTEMENT DANS LES CERCLES. LA TÊTE EST EN FORME DE CERF-VOLANT ; ÉTROITE AU SOMMET (ENTRE LES OREILLES), LARGE ENTRE LES YEUX, PUIS SE CARÉNANT ENTRE LES NASEAUX ; TRIANGULAIRE DE PROFIL. SI VOUS GARDEZ CES FORMES À L'ESPRIT, VOUS VERREZ COMME C'EST FACILE. VOUS POUVEZ DESSINER ET DÉCOUPER UN PETIT CERF-VOLANT ET DES FORMES ANGULAIRES, LES « SCOTCHER » ENSEMBLE, COMME ICI, PUIS LES ÉTUDIER SOUS DIFFÉRENTS ANGLES.

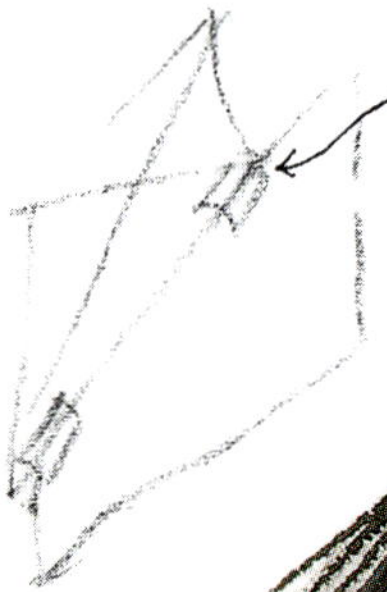

LE PROFIL DE L'ARABE EST LÉGÈREMENT CONCAVE, TANDIS QUE CELUI DU BAI EST DROIT, MAIS UNE FORME ANGULAIRE FOURNIT UN BON POINT DE DÉPART POUR LES DEUX, ET MARCHE À TOUT POINT DE VUE.

DE PROFIL, LES YEUX SONT PROTUBÉRANTS – SOUVENEZ-VOUS DES POINTES DU CERF-VOLANT – ET DESSOUS, IL Y A UNE FORME ANGULAIRE ÉTROITE.

VARIEZ LES PROPORTIONS – PLUS CARRÉ, PLUS ROND, PLUS ENFONCÉ – ET VOUS OBTIENDREZ LES DIFFÉRENTS CARACTÈRES.

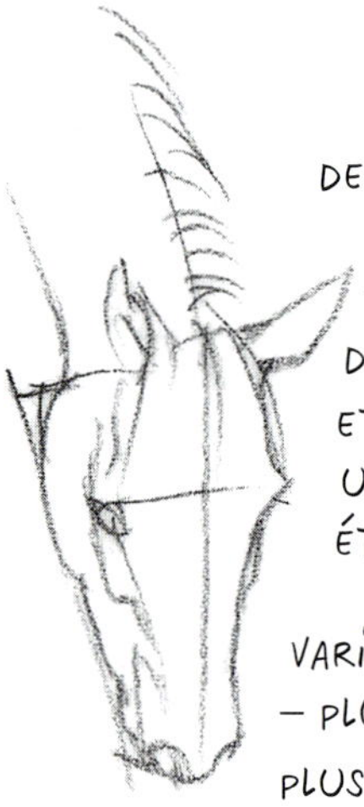

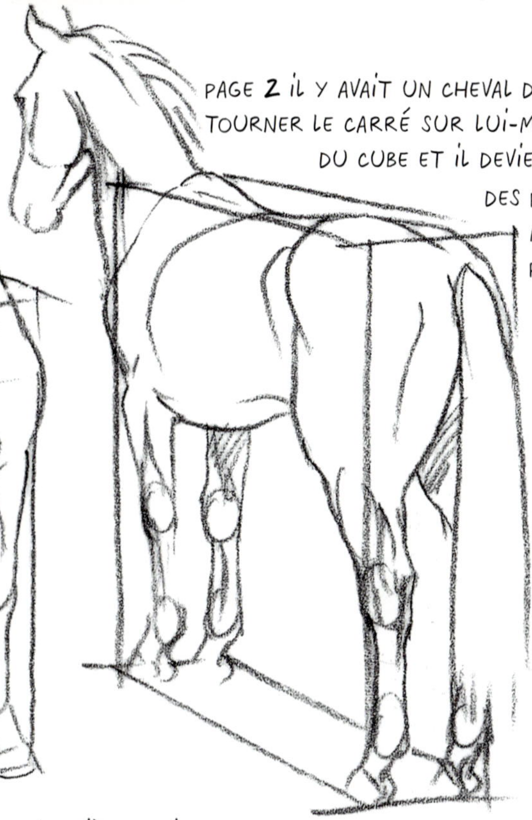

PAGE 2 IL Y AVAIT UN CHEVAL DANS UN CARRÉ. IMAGINEZ QUE VOUS FAITES TOURNER LE CARRÉ SUR LUI-MÊME : VOUS VERREZ LES AUTRES CÔTÉS DU CUBE ET IL DEVIENDRA UNE BOÎTE-CHEVAL ! PAR ENDROITS DES PARTIES DÉPASSENT, MAIS LE PRINCIPE MARCHE SOUS N'IMPORTE QUEL ANGLE. PENSEZ AU CHEVAL QUE VOUS ÊTES EN TRAIN DE DESSINER, COMME SI CE N'ÉTAIT QU'UN OBJET QUI OCCUPE UNE CERTAINE PLACE. LE CORPS EST CYLINDRIQUE ; LA TÊTE ET LE COU...

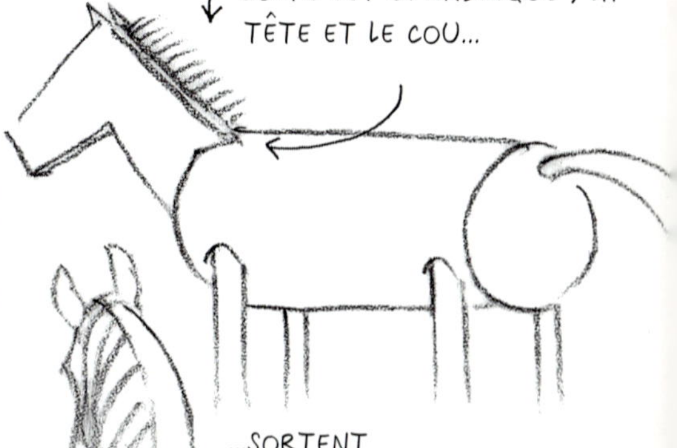

...SORTENT DE L'INTÉRIEUR DU CORPS : ILS NE SONT PAS JUSTE POSÉS DEVANT ; ET LES JAMBES VIENNENT DES CÔTÉS, PAS DU DESSOUS.

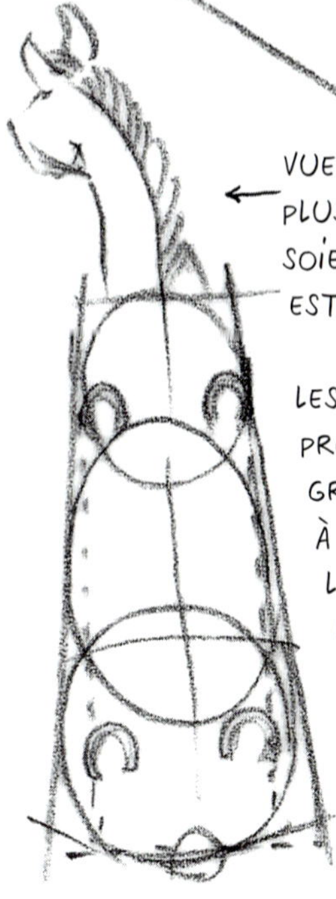

VUE DU DESSUS, L'ARRIÈRE MAIN EST BEAUCOUP PLUS LARGE QUE LES ÉPAULES, BIEN QUE LES PIEDS SOIENT À PEU PRÈS DANS L'ALIGNEMENT. LE COU EST PLUS MINCE QUE DE PROFIL.

LES CÔTÉS DE LA BOÎTE QUI SONT PROCHES DE VOUS SEMBLENT PLUS GRANDS QUE LES PLUS ÉLOIGNÉS. À L'ÉCOLE, ON APPREND QUE LES LIGNES DROITES D'UN DESSIN FINISSENT TOUJOURS PAR SE RENCONTRER AU POINT DE FUITE SUR L'HORIZON : C'EST LA PERSPECTIVE.

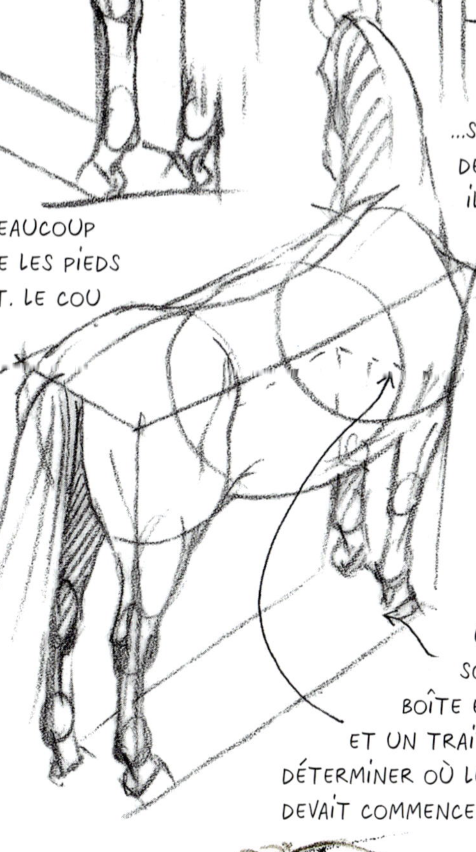

IL N'EST PAS NÉCESSAIRE DE DESSINER DES BOÎTES À CHAQUE FOIS, MAIS ELLES AIDENT. PAR EXEMPLE, ICI ON NE VOIT QU'UNE PETITE PARTIE DE LA JAMBE ANTÉRIEURE LA PLUS ÉLOIGNÉE : POUR QU'ELLE SOIT EXACTE, J'AI MIS UNE BOÎTE EN BAS POUR LES SABOTS ET UN TRAIT EN TRAVERS POUR DÉTERMINER OÙ LE HAUT DE LA JAMBE DEVAIT COMMENCER.

LA PERSPECTIVE FAIT QU'UN OBJET DISTANT SEMBLE PLUS PETIT QU'UN OBJET DE MÊME TAILLE, PLUS PROCHE.

4 **La copie** exerce l'œil à suivre la forme et le trait, et donne habileté et confiance pour dessiner à main levée, tout en laissant libre cours à l'expression personnelle. Mais elle peut être plus ou moins exacte en fonction du niveau de chacun : les angles inhabituels et le raccourci ne sont pas faciles à copier.

Le décalque est utile en tant que raccourci. Ainsi, quand j'ai besoin de faire rapidement une illustration, je décalque des détails que j'incorpore à mon dessin, ce qui me donne rapidement la forme que mon « œil » aurait pu manquer. Mais ne faites pas que du décalque, vous deviendriez paresseux.

Faites l'expérience suivante :

Ⓐ copiez une simple photo ; essayez d'obtenir la taille, les angles et des proportions aussi justes que possible, en commençant par les formes de base.

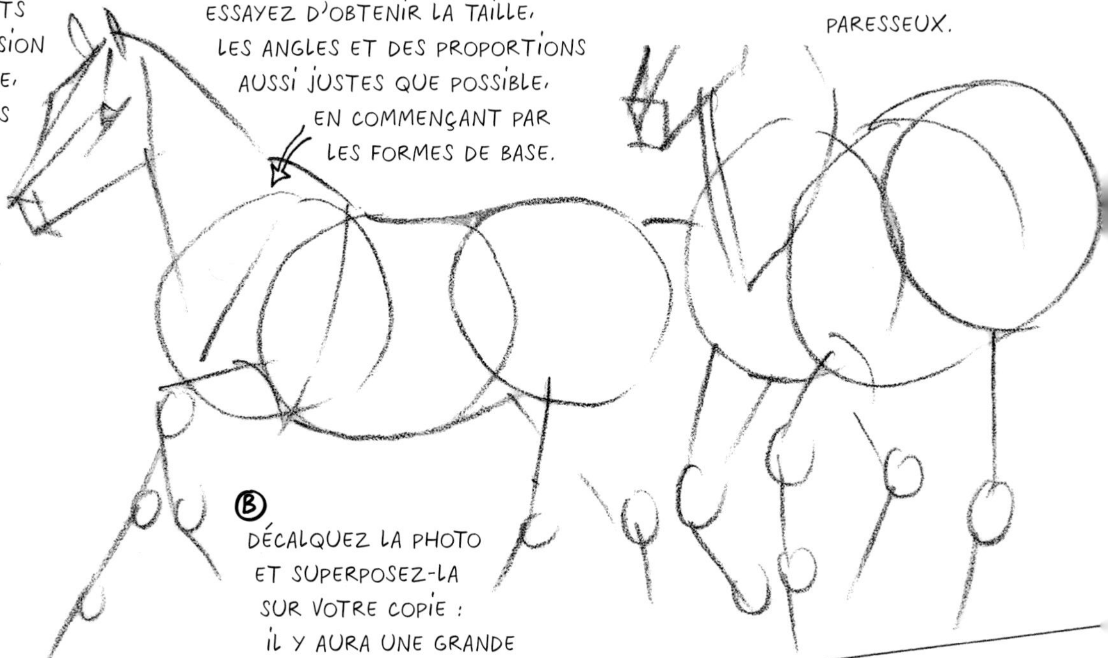

Détails : les yeux. Ils sont faits pour donner au cheval une vision aussi panoramique que possible, c'est pourquoi ils sont situés sur le côté et sur l'avant. On ne les voit en entier que de trois-quarts. De profil l'œil est une courbe concave.

Ⓑ Décalquez la photo et superposez-la sur votre copie : il y aura une grande différence !

De face, les yeux sont en amande et font légèrement saillie. N'oubliez pas que le globe oculaire est sphérique, avec une grande partie cachée par l'orbite, et ombré par la paupière. Contrairement aux nôtres, le blanc est rarement visible, car l'iris est grand et sombre ; les cils sont longs, et en général de la couleur de la robe.

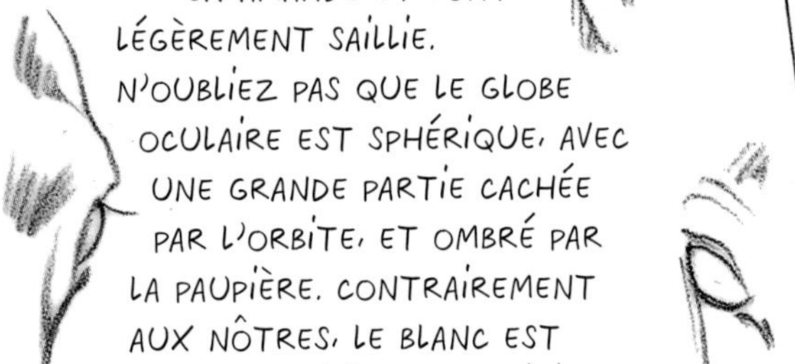

Ⓒ Faites ensuite une autre copie, en gardant à l'esprit les formes et les angles du décalque. Et le résultat sera beaucoup plus précis que la première fois.

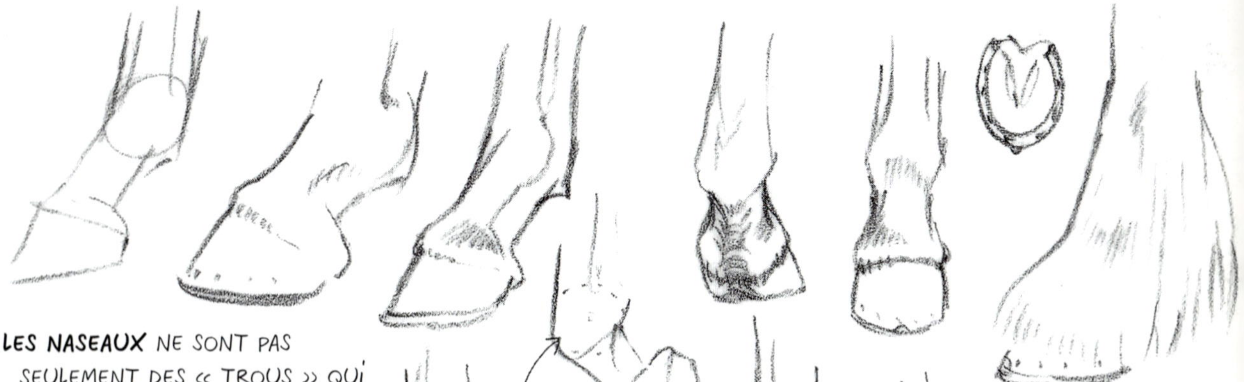

LES NASEAUX NE SONT PAS SEULEMENT DES « TROUS » QUI SERVENT À RESPIRER ; ILS SONT ÉGALEMENT EXPRESSIFS : ILS ÉMETTENT GÉMISSEMENTS OU RONFLEMENTS ; SONT DILATÉS PAR LA PEUR OU LA FATIGUE ; ILS RESPIRENT DOUCEMENT POUR SALUER, POUR HUMER L'AIR...

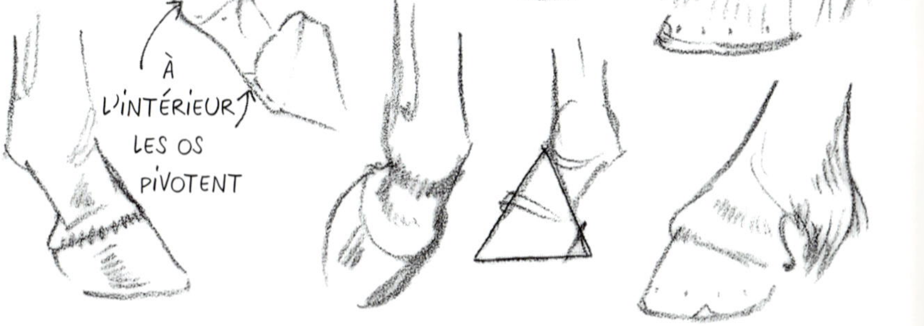

INTÉRESSEZ-VOUS AUX **PIEDS** ! CE NE SONT PAS SEULEMENT DES CHOSES AU BOUT DES JAMBES, ET TÔT OU TARD IL VOUS FAUDRA SAVOIR COMMENT LES DESSINER ; IL EST GRATIFIANT D'ARRIVER À BIEN LES FAIRE.

LES **OREILLES** SONT POILUES À L'INTÉRIEUR, ET TRÈS MOBILES. ELLES PARTENT DU CÔTÉ DE LA TÊTE, PAS DU HAUT, ET ONT DES MUSCLES QUI LES FONT TOURNER À 180°, SE DRESSER VERS L'AVANT OU SE COUCHER EN ARRIÈRE.

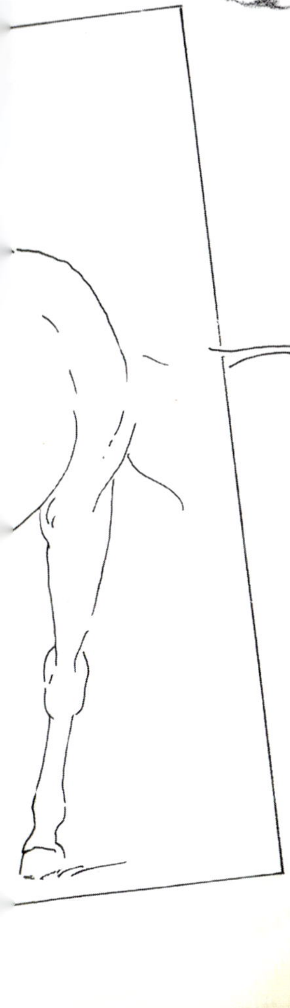

Ⓓ VOTRE DERNIÈRE COPIE DÉCALQUÉE EST REPORTÉE SUR DU PAPIER POUR AQUARELLE PRÊTE À ÊTRE PEINTE.

5 DESSINER LE **MOUVEMENT**. CROQUEZ TRÈS APPROXIMATIVEMENT LES FORMES DE BASE : CERCLES POUR LE CORPS, TRAITS POUR INDIQUER LA DIRECTION DES JAMBES ET DU COU. RELIEZ-LES, AJOUTEZ LES ARTICULATIONS DES JAMBES ET LA FORME DE LA TÊTE… MAIS PAS FORCÉMENT DANS CET ORDRE ! VOUS VOUDREZ PEUT-ÊTRE COMMENCER PAR LA LIGNE DU COU ET DU DOS. NE VOUS LANCEZ PAS TOUT DE SUITE DANS LES DÉTAILS. APPRENEZ D'ABORD À « SENTIR » COMMENT BOUGE UN CHEVAL : LA **MARCHE** EST UNE ALLURE À QUATRE TEMPS ; IL Y A QUATRE DESCENTES DES SABOTS : LE PIED ANTÉRIEUR EST SUIVI PAR LE PIED POSTÉRIEUR OPPOSÉ, PUIS L'AUTRE PIED AVANT SUIVI PAR L'AUTRE PIED ARRIÈRE. LE **TROT** EST À DEUX TEMPS ; LES DEUX PAIRES DIAGONALES EN MÊME TEMPS.

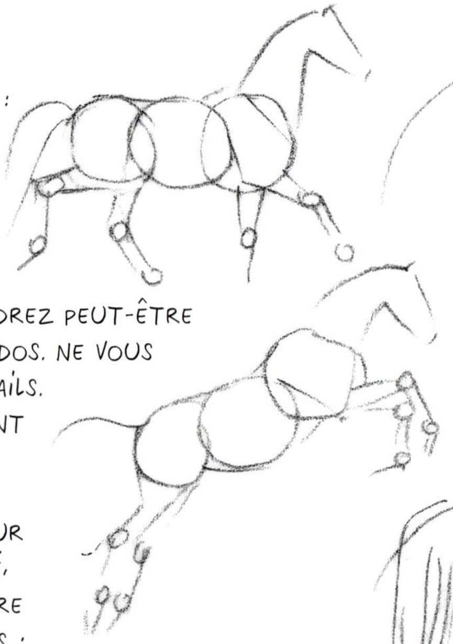

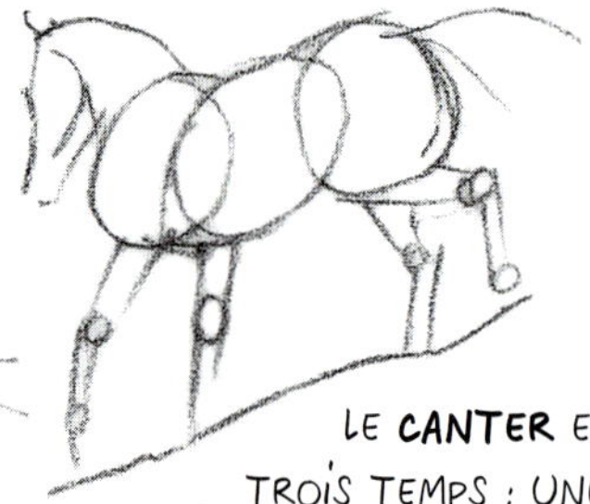

LE **CANTER** EST À TROIS TEMPS : UNE JAMBE POSTÉRIEURE SUIVIE PAR L'AUTRE ET SON OPPOSÉE ANTÉRIEURE, PUIS L'AUTRE. LE **GALOP** EST À QUATRE TEMPS AVEC UNE PÉRIODE DE SUSPENSION AU MILIEU. SI TOUT CELA EST CONFUS, METTEZ-VOUS À QUATRE PATTES ET ESSAYEZ !

FAITES CHEVAUCHER VOS CERCLES UN PEU PLUS, VOUS POURREZ DESSINER DES CHEVAUX DE N'IMPORTE QUEL ANGLE.

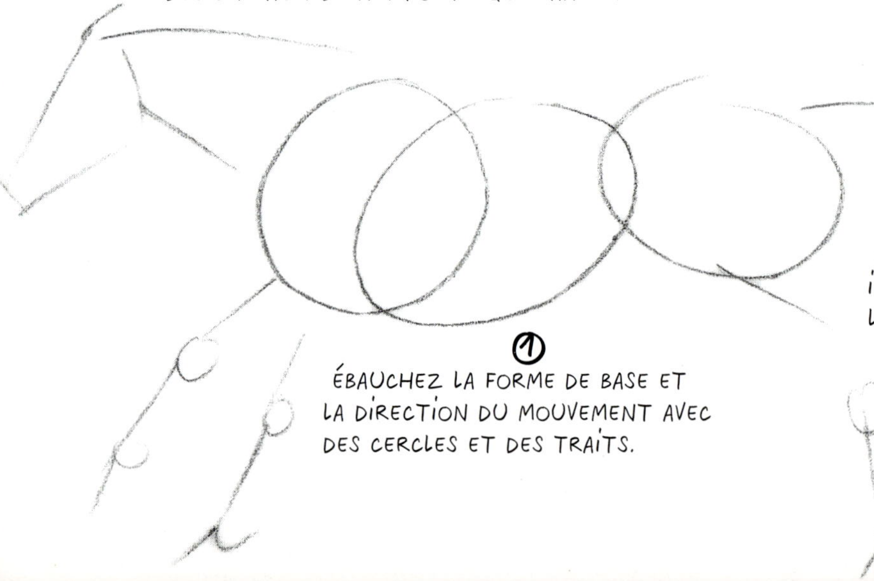

① ÉBAUCHEZ LA FORME DE BASE ET LA DIRECTION DU MOUVEMENT AVEC DES CERCLES ET DES TRAITS.

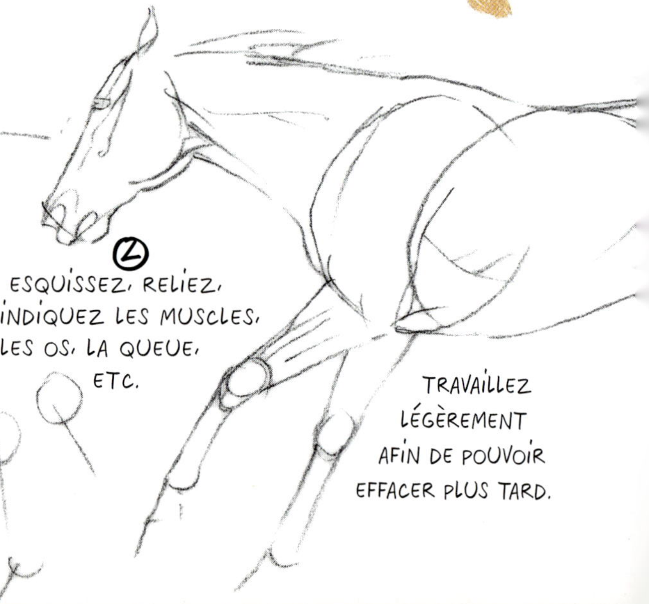

② ESQUISSEZ, RELIEZ, INDIQUEZ LES MUSCLES, LES OS, LA QUEUE, ETC.

TRAVAILLEZ LÉGÈREMENT AFIN DE POUVOIR EFFACER PLUS TARD.

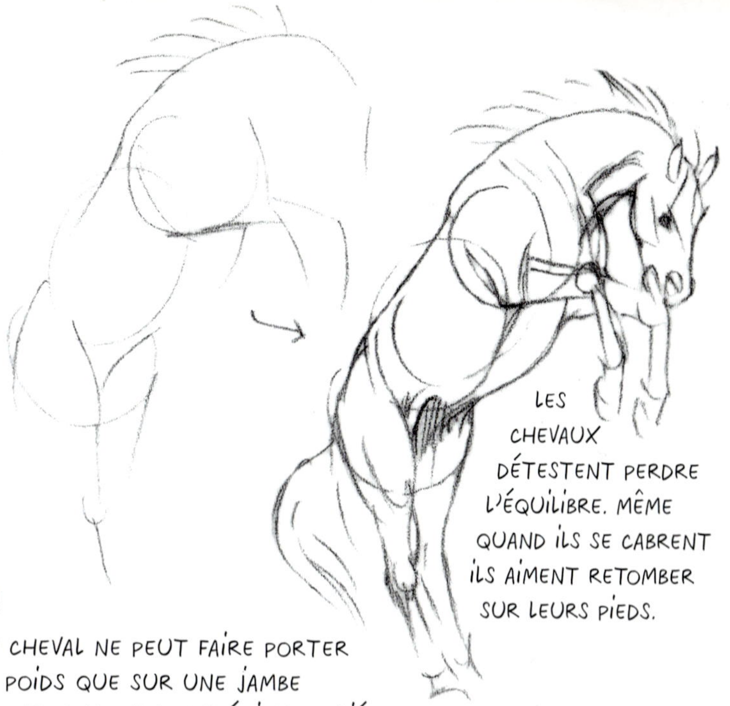

Les chevaux détestent perdre l'équilibre. Même quand ils se cabrent ils aiment retomber sur leurs pieds.

Un cheval ne peut faire porter son poids que sur une jambe antérieure tendue. Une antérieure pliée est forcément en mouvement.

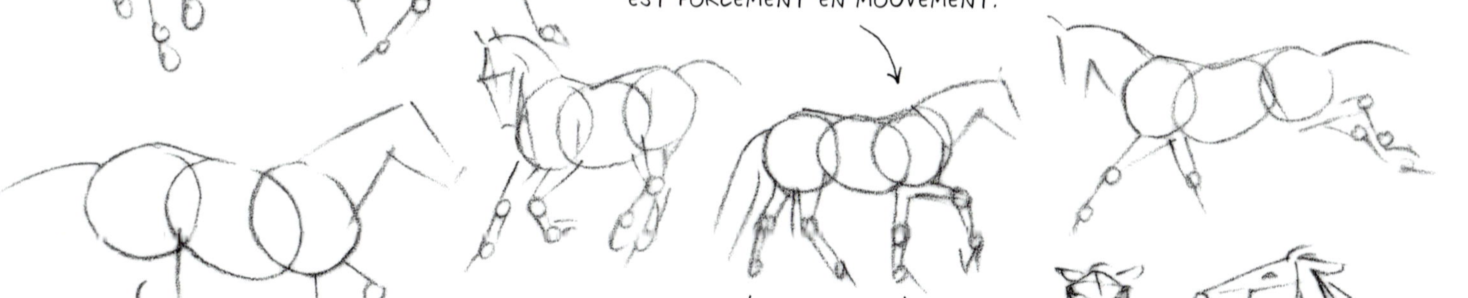

Les genoux et les jarrets se plient dans des directions inverses. Ils peuvent s'étirer, mais il leur est impossible de se plier dans l'autre sens.

Raccourci : qu'il vienne vers vous ou qu'il s'éloigne, la règle veut qu'uniquement la partie la plus grande de profil soit visible derrière ce qui est le plus proche de vous.

3

Le cheval est peint en entier avec de l'eau **propre**, et un lavis bleu/brun est passé, sauf là où il y a des rehauts. Quelques détails sont ajoutés quand le lavis est sec, puis les traits de crayon sont effacés.

6 IL N'Y A PAS BESOIN D'AVOIR BEAUCOUP D'INFORMATIONS TECHNIQUES QUAND ON COMMENCE À DESSINER, MAIS AVEC LES CONNAISSANCES ACQUISES ET LE DÉSIR D'APPRENDRE, VOUS AUREZ ENVIE DE CONNAÎTRE LES FONCTIONS DES OS ET DES MUSCLES, ET LA FAÇON DONT ILS INFLUENCENT LA CONFORMATION ET LE MOUVEMENT.

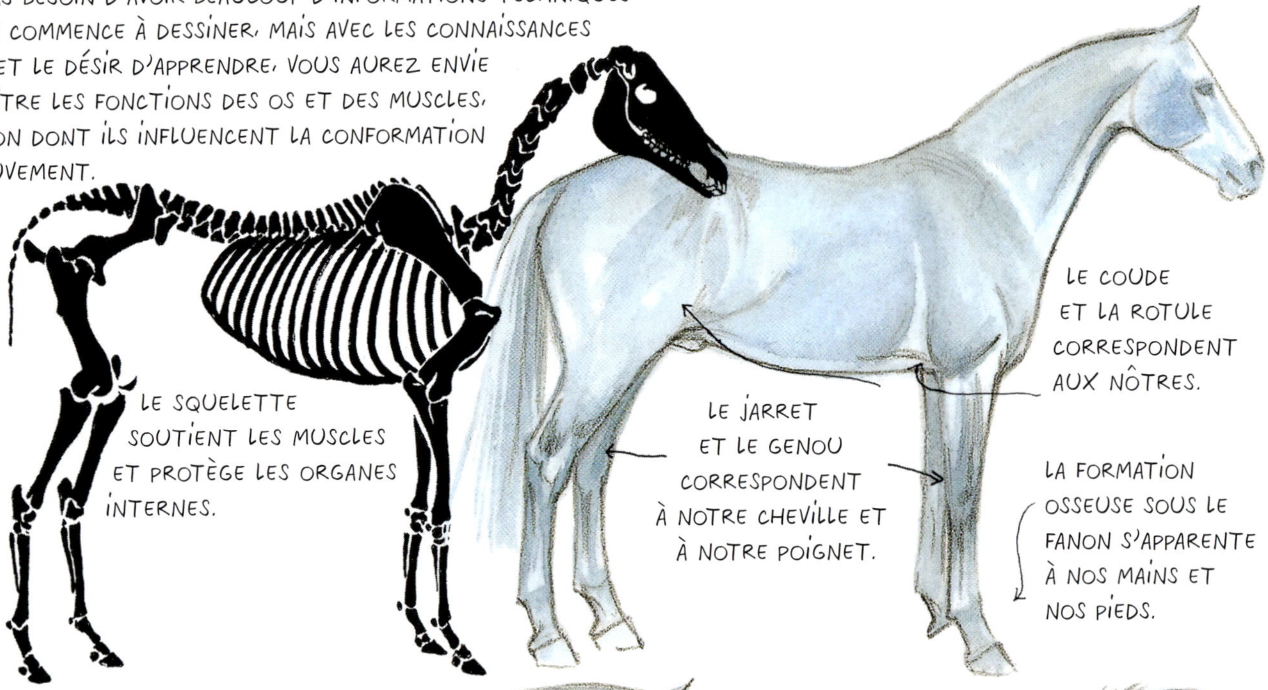

LE SQUELETTE SOUTIENT LES MUSCLES ET PROTÈGE LES ORGANES INTERNES.

LE JARRET ET LE GENOU CORRESPONDENT À NOTRE CHEVILLE ET À NOTRE POIGNET.

LE COUDE ET LA ROTULE CORRESPONDENT AUX NÔTRES.

LA FORMATION OSSEUSE SOUS LE FANON S'APPARENTE À NOS MAINS ET NOS PIEDS.

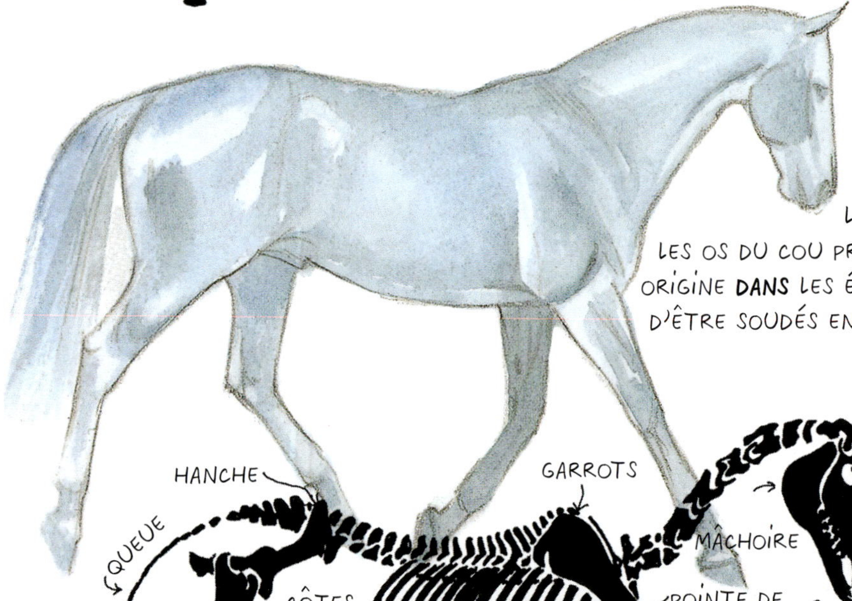

LE COU D'UN CHEVAL EN TRAIN DE PAÎTRE A L'AIR PLUS LONG, PARCE QUE LES OS DU COU PRENNENT LEUR ORIGINE **DANS** LES ÉPAULES, AU LIEU D'ÊTRE SOUDÉS EN HAUT.

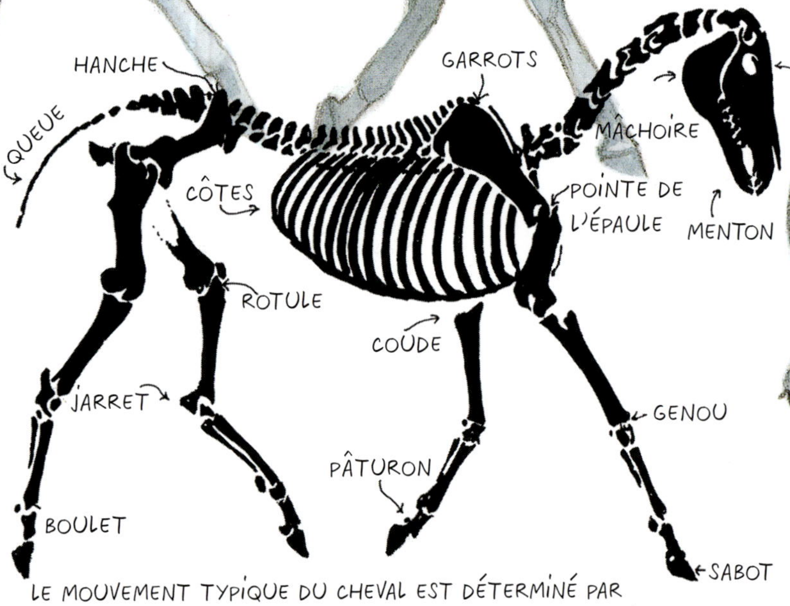

LE MOUVEMENT TYPIQUE DU CHEVAL EST DÉTERMINÉ PAR SA STRUCTURE OSSEUSE. CERTAINS OS SONT EN EFFET SOUDÉS ENSEMBLE (CÔTES, OS DES SABOTS), TANDIS QUE D'AUTRES, COMME LES VERTÈBRES, BOUGENT PEU. PAR CONTRE DANS L'ARRIÈRE-MAIN ET LES ÉPAULES, LES GROS OS DE LA PARTIE SUPÉRIEURE DE LA JAMBE ONT DES ARTICULATIONS QUI LEUR PERMETTENT UNE TRÈS GRANDE FLEXIBILITÉ. LES ARTICULATIONS SPÉCIALISÉES DU GENOU ET DU JARRET N'AUTORISENT LE MOUVEMENT QUE DANS UN SEUL SENS ; ELLES SONT ÉQUIPÉES D'UN MÉCANISME DE BLOCAGE GRÂCE AUQUEL LE CHEVAL PEUT DORMIR DEBOUT.

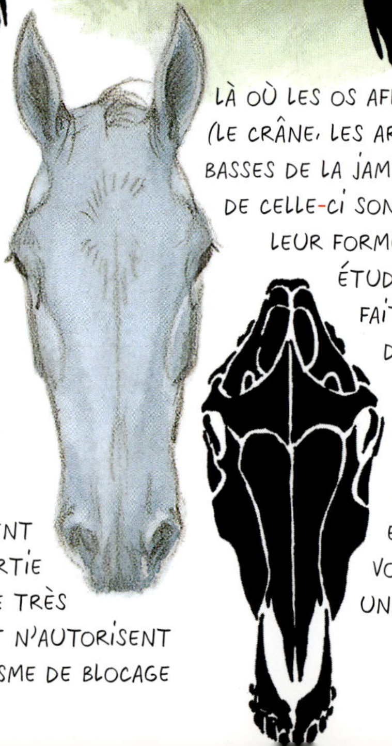

LÀ OÙ LES OS AFFLEURENT LA PEAU (LE CRÂNE, LES ARTICULATIONS BASSES DE LA JAMBE), LES CONTOURS DE CELLE-CI SONT ALTÉRÉS PAR LEUR FORME SOUS-JACENTE. ÉTUDIEZ LES TRAITS FAITS PAR LES OS DE LA MÂCHOIRE ET LES ORBITES DES YEUX EN PARTICULIER, ET PRENEZ-LES EN COMPTE QUAND VOUS DESSINEZ UNE TÊTE.

COMPAREZ CE CHEVAL AVEC LE SQUELETTE (PAGE CI-CONTRE) ET L'ILLUSTRATION DE LA STRUCTURE MUSCULAIRE (CI-DESSOUS) ET VOUS VERREZ OÙ SONT LES OS, LES MUSCLES ET LES TENDONS.

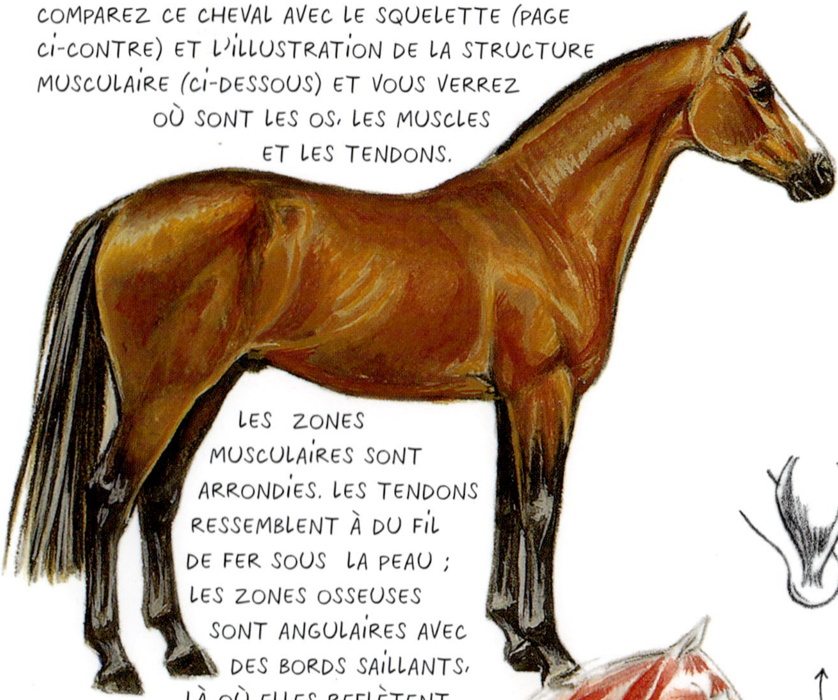

LES ZONES MUSCULAIRES SONT ARRONDIES. LES TENDONS RESSEMBLENT À DU FIL DE FER SOUS LA PEAU ; LES ZONES OSSEUSES SONT ANGULAIRES AVEC DES BORDS SAILLANTS, LÀ OÙ ELLES REFLÈTENT LA LUMIÈRE.

JUSTE SOUS LA PEAU SE TROUVENT LES MUSCLES SUPERFICIELS. AU MOINDRE MOUVEMENT (MÊME UN TIC OU UN CLIGNEMENT D'ŒIL) UN CERTAIN NOMBRE DE MUSCLES SONT SOLLICITÉS, CERTAINS SE CONTRACTENT, D'AUTRES SE RELÂCHENT.

LES MUSCLES SUPERFICIELS RECOUVRENT LES MUSCLES FLÉCHISSEURS PROFONDS AINSI QUE LES TENDONS, QUI MAINTIENNENT LES OS ENSEMBLE ET QUI FOURNISSENT LA FORCE POUR BOUGER LES MEMBRES.

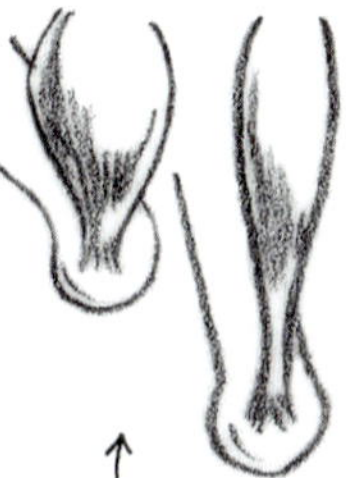

LES MUSCLES CHANGENT DE FORME : CONTRACTÉS POUR PROVOQUER LE MOUVEMENT, ILS SE RESSERRENT ET « SE GONFLENT » ; AU REPOS, ILS S'APLATISSENT ET SE RELÂCHENT.

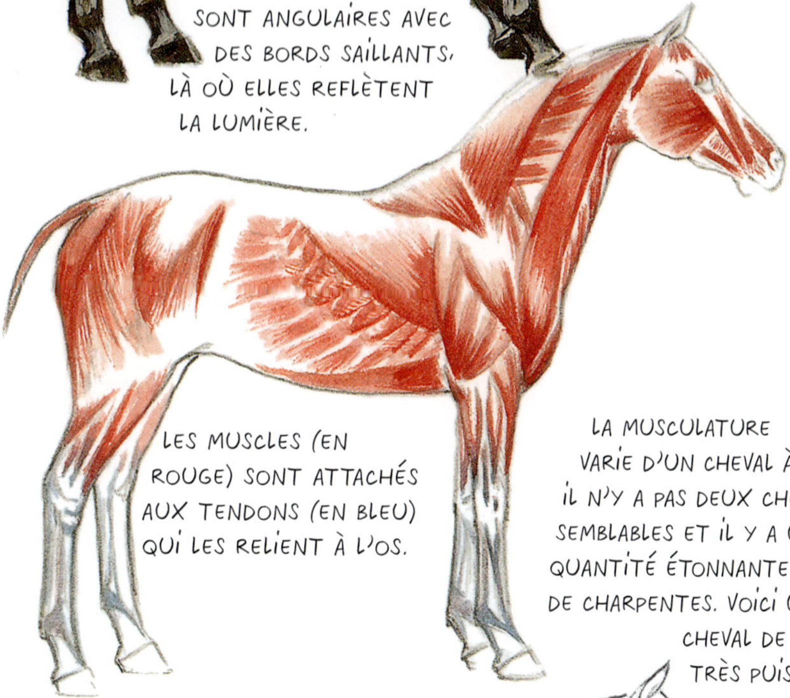

LES MUSCLES (EN ROUGE) SONT ATTACHÉS AUX TENDONS (EN BLEU) QUI LES RELIENT À L'OS.

LA MUSCULATURE VARIE D'UN CHEVAL À L'AUTRE. IL N'Y A PAS DEUX CHEVAUX SEMBLABLES ET IL Y A UNE QUANTITÉ ÉTONNANTE DE CHARPENTES. VOICI UN CHEVAL DE TRAIT, TRÈS PUISSANT ; COMPAREZ SA CONFORMATION AVEC CELLE D'UN CHEVAL DE COURSE LÉGER, FAIT POUR LA VITESSE.

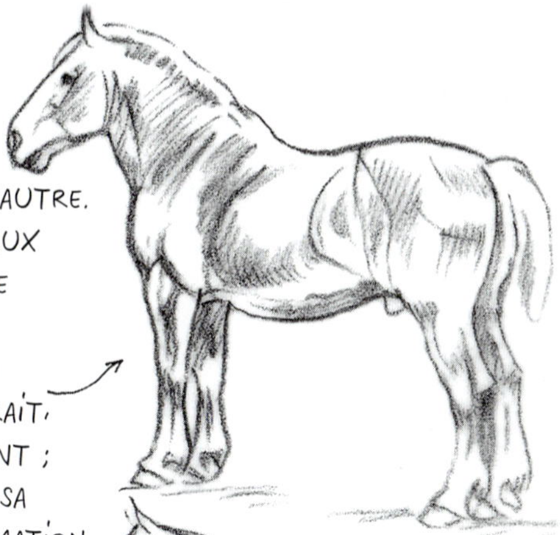

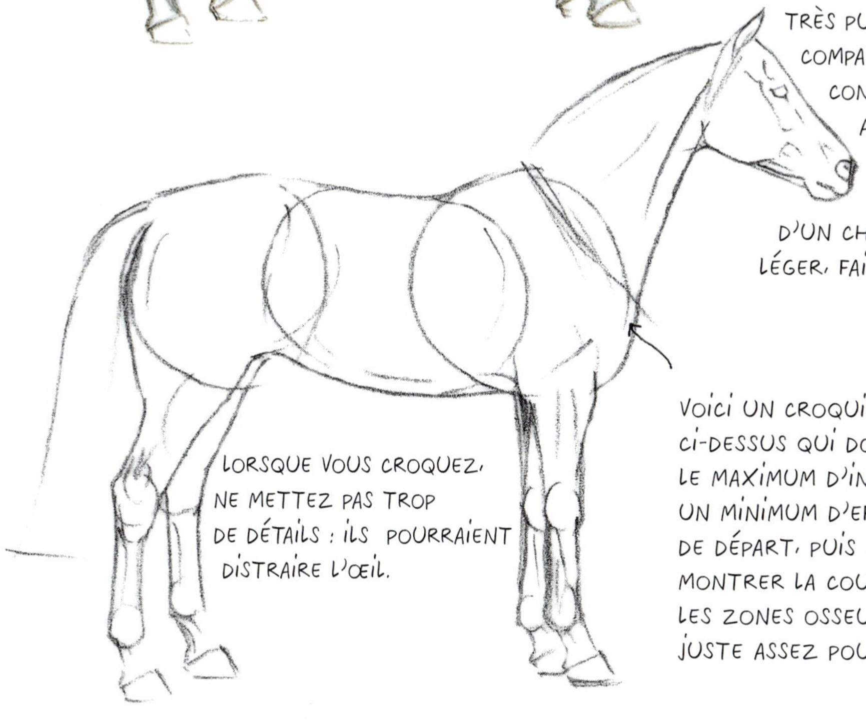

LORSQUE VOUS CROQUEZ, NE METTEZ PAS TROP DE DÉTAILS : ILS POURRAIENT DISTRAIRE L'ŒIL.

VOICI UN CROQUIS DU CHEVAL CI-DESSUS QUI DONNE — EN BREF — LE MAXIMUM D'INFORMATIONS AVEC UN MINIMUM D'EFFORTS. LES CERCLES ONT ÉTÉ LE POINT DE DÉPART, PUIS DES TRAITS ONT ÉTÉ AJOUTÉS POUR MONTRER LA COURBE DU MUSCLE, POUR INDIQUER LES ZONES OSSEUSES OU LA LIGNE D'UN TENDON ; JUSTE ASSEZ POUR LE RENDRE CONVAINCANT.

7 CET OUVRAGE S'INTITULE DESSINER ET PEINDRE DES CHEVAUX, MAIS IL SERAIT TROP IMPORTANT S'IL INCLUAIT TOUT CE QU'IL FAUT SAVOIR SUR LE STYLE ET LA TECHNIQUE ! ALORS JE VOUS DONNE L'ESSENTIEL ET J'ESPÈRE QUE CELA VA VOUS ENCOURAGER ET VOUS AIDER DE FAÇON PRATIQUE ; J'ESPÈRE AUSSI QUE VOUS ALLEZ DÉVELOPPER VOTRE PROPRE STYLE, INSPIRÉ PAR LES CONNAISSANCES GLANÉES DANS LES LIVRES, LES PEINTURES ANCIENNES ET RÉCENTES, LES PHOTOS ET LA VIE.

J'APPRENDS TOUJOURS ET JE LE FERAI ENCORE PENDANT LONGTEMPS, SURTOUT GRÂCE AUX PEINTRES DONT LE TRAVAIL EST DIFFÉRENT DU MIEN. J'APPRENDS SURTOUT EN POSANT DES QUESTIONS : QUELLE EST LA COULEUR UTILISÉE ICI ? QU'EST-CE QUE L'ARTISTE ESSAIE D'EXPRIMER ?

REGARDEZ LE TRAVAIL D'AUTRES ARTISTES AVEC UN ŒIL AUSSI CRITIQUE QUE POUR VOTRE PROPRE TRAVAIL. ILS ONT AUSSI LEURS FAIBLESSES ! VOUS VERREZ QU'IL Y A ÉGALEMENT DES MODES POUR DESSINER LES CHEVAUX. AU SIÈCLE DERNIER, PAR EXEMPLE, UNE CERTAINE TRADITION ROMANTIQUE IDÉALISAIT LE SUJET, MAIS AUJOURD'HUI, AVEC LA PHOTOGRAPHIE, ON PRÉFÈRE LE RÉALISME. MAIS CELA PASSERA PEUT-ÊTRE AUSSI... ET PLUS TARD ? **VOUS** FEREZ PEUT-ÊTRE PARTIE DE LA PROCHAINE GÉNÉRATION D'ARTISTES ÉQUESTRES, ALORS TRAVAILLEZ VOTRE STYLE ET DÉVELOPPEZ VOTRE IMAGINATION.

DES HACHURES AU CRAYON TENDRE (6B) DONNENT UNE IDÉE GÉNÉRALE DE LA FORME ET DU POIDS, MAIS SANS DÉTAILS.

LE NOIR ET BLANC : UNE VARIÉTÉ INFINIE DE STYLES ET D'EFFETS.

CE N'EST PAS SEULEMENT L'OMBRE QUI DÉFINIT UNE FORME. LES REHAUTS PEUVENT AUSSI LE FAIRE PAR EUX MÊMES. REGARDEZ DES PHOTOS EN NOIR ET BLANC DE CHEVAUX AU SOLEIL.

LE CRAYON EST LE MÉDIUM LE PLUS UNIVERSEL.

CRAYON FIN, PLUTÔT DU TRAIT, MAIS QUELQUES HACHURES SUBTILES, AU 2H ET HB, ET 2B POUR L'OMBRE.

LES OMBRES AU SOL N'ONT PAS LA FORME DU CHEVAL, ELLES SONT DÉFORMÉES SELON LA DIRECTION D'OÙ PROVIENT LA LUMIÈRE.

Essayez la couleur. Les chevaux gris ne sont pas tout gris. Les sujets bruns ne sont pas tout bruns : la couleur est mélangée et notre cerveau la décompose. Alors regardez autour de vous et identifiez ce que voient vraiment vos yeux, et pas ce que votre cerveau vous dit.

La couleur de l'ombre peut dépendre de celle de la lumière. Un soleil brillant peut donner des ombres pourpres...

Il est inutile de vous en tenir au gris et au noir pour les ombres. Essayez une version plus sombre de la couleur du corps : bleu ou brun pour les chevaux gris ; marron foncé pour les châtains.

...une lumière rosée peut créer du vert.

Une couleur plus forte au premier plan, s'estompant à l'arrière-plan, donne de la profondeur et du mouvement au tableau. Du bleu dans l'arrière plan donne de l'espace.

Les rehauts sur les genoux noirs semblent bleus, pas blancs !

Voici la copie d'un cheval peint à l'huile par Munnings. Ce n'est qu'une étude. Le peintre utilise un mélange bien inspiré de rouges et de jaunes avec un peu de bleu vif. Même les ombres sont rouges. La seule couleur foncée est un marron.

La délicatesse exagérée de la tête et des membres sert à rendre la noblesse.

8 EOHIPPUS, LE CHEVAL QUI VIVAIT IL Y A 60 MILLIONS D'ANNÉES ENVIRON, AVAIT UN SQUELETTE DE PONEY, DES ORTEILS (QUI ONT ÉVOLUÉ VERS LES SABOTS AVEC LE TEMPS), ET IL HABITAIT LES SOUS-BOIS. SES DENTS LUI PERMETTAIENT DE GRIGNOTER LES FEUILLES. IL NE PAISSAIT PAS.

SON SQUELETTE (C'EST TOUT CE QUI EN RESTE) ÉTAIT DE LA TAILLE D'UN CHIEN MOYEN, MAIS ON NE SAIT PAS S'IL ÉTAIT RAYÉ OU TACHETÉ, À POILS LONGS OU RAS.

RAYURES DE ZÈBRES – PLUME ET ENCRE – PAS D'OMBRAGE ; LES RAYURES SUFFISENT.

AVEC LE TEMPS, UNE ESPÈCE DE CHEVAL SAUVAGE, PARTAGEANT DE NOMBREUSES CARACTÉRISTIQUES AVEC L'ONAGRE – ÂNE SAUVAGE – (CI-DESSUS) ET LES DEUX CHEVAUX PRIMITIFS MODERNES (CI-DESSOUS), A ÉVOLUÉ POUR VIVRE DANS LES PLAINES HERBEUSES. ELLE ÉTAIT BEAUCOUP PLUS GRANDE QU'EOHIPPUS, AVAIT UN COU PLUS LONG ET DES DENTS ADAPTÉES POUR PAÎTRE ; SA VISION ÉTAIT PLUS PANORAMIQUE ET SES PATTES PLUS LONGUES.

LE CHEVAL DE PRJEVALSKI, LE SEUL CHEVAL SAUVAGE ACTUEL, A LA TÊTE GRANDE ET LE COU RÂBLÉ, AVEC UNE CRINIÈRE « EN BROSSE ». SA COULEUR GRIS LOUVET AVEC UNE RAYURE DORSALE FONCÉE, PÂLE PRÈS DU MUSEAU ET DES YEUX SE RETROUVE DANS D'AUTRES RACES ANCIENNES, MAIS DOMESTIQUÉES.

CES CHEVAUX SONT PLUTÔT CARRÉS, MOINS ÉLÉGANTS QUE LES PONEYS MODERNES QUI ONT DES FORMES RONDES.

TÊTE TRÈS RECTANGULAIRE.

LE TARPAN S'EST ÉTEINT AU DÉBUT DU XXE SIÈCLE. IL ÉTAIT PLUS RAPIDE ET PLUS LÉGER QUE LE CHEVAL DE PRJEVALSKI, MAIS SA FORME ÉTAIT MALGRÉ TOUT PRIMITIVE.

LE CASPIEN EST UNE RACE TRÈS ANCIENNE ET PETITE DE CHEVAUX DU PROCHE ORIENT. C'EST PROBABLEMENT L'ANCÊTRE DE L'ARABE. MALGRÉ SON AIR DÉLICAT, IL EST COURAGEUX ET FORT.

L'AKHAL-TÉKÉ EST UN ANIMAL SURPRENANT : TRÈS ANGULEUX, PEAU FINE ET POIL CLAIRSEMÉ. SA CONFORMATION : COU LONG ; DOS ET ARRIÈRE-MAIN FAIBLES, EST LOIN D'ÊTRE PARFAITE (CELUI-CI EST HORRIBLE), MAIS C'EST UN CHEVAL SPLENDIDE, RAPIDE, VIGOUREUX...

LE GRIS LOUVET EST GÉNÉRALEMENT DÉCRIT COMME UN BRUN JAUNÂTRE, MAIS LE GRIS LOUVET DE L'AKHAL-TÉKÉ EST PRESQUE DORÉ MÉTALLIQUE AVEC UN REFLET ÉTONNANT DANS LE SOLEIL.

...ET RÉSISTANT À LA CHALEUR ET AU FROID DE SA RÉGION ISOLÉE D'ASIE. C'EST TOUJOURS UNE RACE PURE, SANS PRATIQUEMENT AUCUNE INFLUENCE OCCIDENTALE.

NOS PETITS PONEYS INDIGÈNES DESCENDENT D'UNE SOUCHE PRÉHISTORIQUE QUI FUT DOMESTIQUÉE D'ABORD POUR SA VIANDE, PUIS POUR LE BÂT, ET RÉCEMMENT (DANS LES DERNIERS DIX MILLE ANS) POUR L'ÉQUITATION. DU FAIT QU'ILS ÉTAIENT CANTONNÉS NATURELLEMENT À LEURS LANDES ET MONTAGNES RESPECTIVES, ILS SONT PRATIQUEMENT RESTÉS PUR-SANG, SAUF QUELQUES « AMÉLIORATIONS » OCCASIONNELLES AVEC DES LIGNÉES ARABES OU ESPAGNOLES.

ON DIT DU PONEY HIGHLAND QUE C'EST LE CHEVAL DES PEINTURES RUPESTRES ! IL EST DOUX ET SENSIBLE, RONDOUILLET, TRAPU ET FORT, AVEC UNE LONGUE CRINIÈRE ET UNE LONGUE QUEUE FLOTTANTES.

L'EXMOOR EST PROBABLEMENT L'UNE DES RACES LES PLUS ANCIENNES, QUI GARDE TOUJOURS UN MUSEAU MOUCHETÉ UNIQUE ET DES YEUX DE CRAPAUD. IL EST TRÈS FORT POUR SA TAILLE ; SA TÊTE EST GROSSE ; SA CRINIÈRE ET SA QUEUE SONT TOUFFUES.

9

LA SÉLECTION NATURELLE A FAIT UN PAS EN AVANT AVEC L'ÉLEVAGE SÉLECTIF PAR L'HOMME.

L'ÉLEVAGE À DES FINS D'EFFICACITÉ NOUS A DONNÉ LA PLUPART DES TYPES DE CHEVAUX ACTUELS DES SPÉCIALISTES DE L'ENDURANCE, DE LA VITESSE OU DE LA FORCE.

LE CHEVALIER EN ARMURE AURAIT EU BESOIN D'UN CHEVAL DE BÂT CAPABLE DE FAIRE DES POINTES DE VITESSE OCCASIONNELLES. AINSI SA MONTURE AURAIT PLUS RESSEMBLÉ À UN GOUSSAUT QUE LES GRANDS CHEVAUX DE TRAIT DU SIÈCLE DERNIER. LE TRAVAIL À LA FERME (ET INDUSTRIEL AU DÉBUT) REQUÉRAIT DES CHEVAUX AUX ÉPAULES ET À L'ARRIÈRE-MAIN PUISSANTES, AINSI QU'UN TEMPÉRAMENT LEUR PERMETTANT DE TRAVAILLER RÉGULIÈREMENT ET DE BON GRÉ PENDANT DE LONGUES HEURES.

CE N'ÉTAIT PAS SEULEMENT LE POIDS DU CHEVALIER QU'IL DEVAIT PORTER... SA PROPRE ARMURE LE FAISAIT PLUTÔT RESSEMBLER À UN TATOU, MAIS ELLE SERVAIT VRAISEMBLABLEMENT PLUS POUR LE SPECTACLE QUE POUR LE COMBAT.

L'ARABE, AVEC SA FOULÉE LÉGÈRE CARACTÉRISTIQUE, A ÉTÉ ÉLEVÉ DEPUIS 1500 ANS POUR SA QUALITÉ ET SON ENDURANCE. SA SILHOUETTE EST FACILEMENT RECONNAISSABLE : SON ÉCHINE COMPTANT MOINS DE VERTÈBRES QUE LES AUTRES RACES, IL PORTE LA QUEUE CARACTÉRISTIQUEMENT PLUS HAUT.

DIFFÉRENTES TECHNIQUES AU CRAYON : LE TRAIT, L'OMBRAGE LÉGER, LES HACHURES, ETC. CRÉENT LA FORME ET LA TEXTURE.

L'ARABE A UNE JOLIE TÊTE : UN FRONT HAUT ET LARGE ; UN MUSEAU FUSELÉ ; DE GRANDS YEUX ET UN PROFIL CONCAVE.

LAVIS D'AQUARELLE DANS LEQUEL ON A TENU COMPTE DES DESSINS FAITS PAR LA LUMIÈRE, EN LAISSANT DES REHAUTS BLANCS, PUIS EN AJOUTANT UNE COULEUR CORPORELLE PLUS FORTE ET DES TRAITS DE CRAYON.

Jadis, les chevaux d'attelage, de cavalerie et de reproduction étaient élevés pour le travail ; on choisissait les sujets courageux, résistants et volontaires pour qu'ils transmettent ces qualités à leurs descendants.

Mais les gènes sont bizarres : ils peuvent aussi transmettre des allures insolites, ce qui a donné les hackneys, les trotteurs et les ambleurs, à la production desquels des élevages se spécialisent. Le XXe siècle a également vu la création de chevaux miniature. Cependant, la consanguinité a des inconvénients, et à donner trop d'importance à une qualité particulière, on a parfois des problèmes en ce qui concerne le souffle, les membres, ou le caractère.

Le hackney a le trot flamboyant et haut.

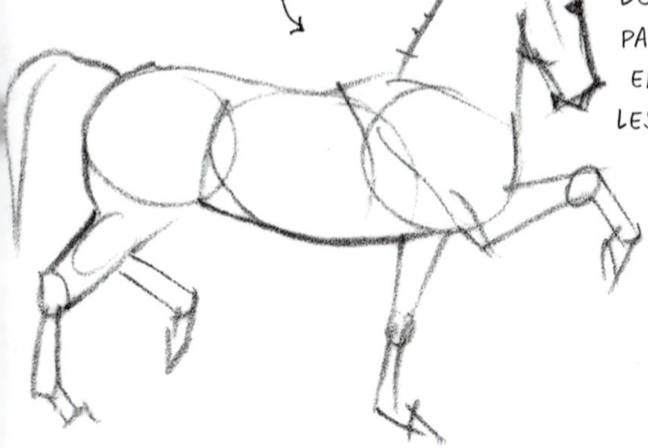

Les croisements de races réussis conservent les qualités des deux parents. On peut produire un hunter lourd en croisant un pur-sang (rapide sur de courtes distances, mais qui peut être lunatique) avec un cheval d'attelage irlandais (cheval de trait, léger et régulier).

Léger lavis de couleur passé sur toute la zone, puis une couleur plus forte passée en couches transparentes, en finissant par une couleur opaque pour les ombres, les détails et les rehauts.

Le caractère d'un cheval se voit à la façon qu'il a de se mouvoir et de se tenir.

Ainsi un bon hunter est capable de supporter un poids sur de longues distances, quoi qu'on lui fasse faire. Comparé au pur-sang, il est plus lent, certes, mais moins émotif, et malgré tout plutôt athlétique, et qui plus est, il saute bien.

10 Il y a toujours des chevaux sauvages dans certaines parties du monde, mais la plupart des hordes que vous verrez sont « domestiques » ; les animaux sont en liberté, certes, mais dans une zone limitée, et leur reproduction et leur bien-être sont sous contrôle. « Liberté » est toutefois un bien grand mot, car les chevaux sont plus épris de nourriture que de liberté et, s'ils ont suffisamment à manger, ils se cantonnent dans une zone restreinte.

Les chevaux, comme les humains, ont une personnalité. Composez un groupe, et une hiérarchie ne tardera pas à s'établir. Dans certains haras et ranchs, un étalon est laissé avec les juments, mais s'il n'y en a pas, c'est une femelle qui dominera le groupe.

ON PEUT DONNER TRÈS RAPIDEMENT UNE CERTAINE ATMOSPHÈRE AVEC LE PASTEL OU LE FUSAIN...

...MAIS, À MOINS DE TRAVAILLER À ASSEZ GRANDE ÉCHELLE, IL NE FAUT PAS METTRE TROP DE DÉTAILS (ET N'OUBLIEZ PAS DE PASSER UN FIXATIF).

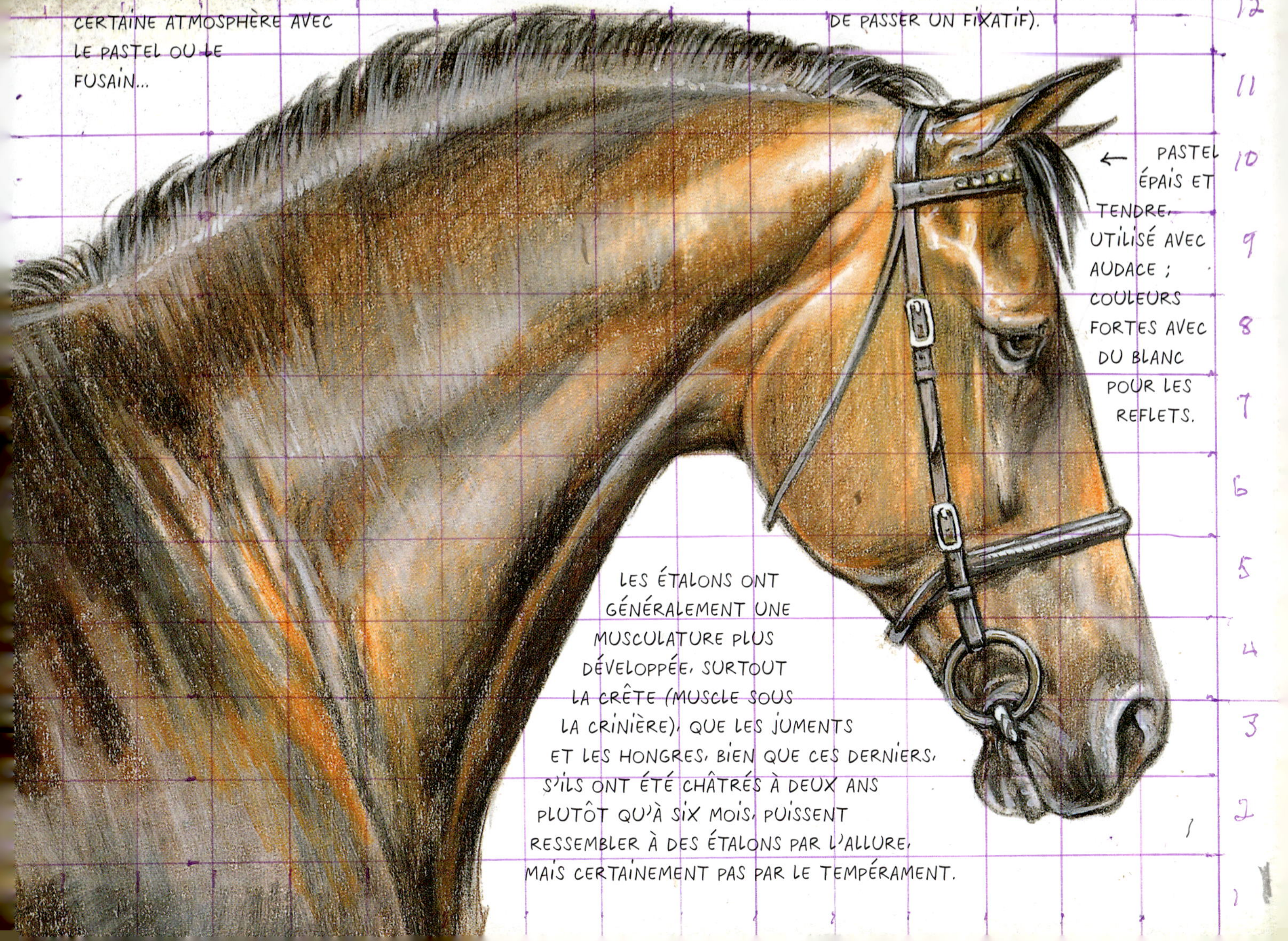

← PASTEL ÉPAIS ET TENDRE, UTILISÉ AVEC AUDACE ; COULEURS FORTES AVEC DU BLANC POUR LES REFLETS.

LES ÉTALONS ONT GÉNÉRALEMENT UNE MUSCULATURE PLUS DÉVELOPPÉE, SURTOUT LA CRÊTE (MUSCLE SOUS LA CRINIÈRE), QUE LES JUMENTS ET LES HONGRES, BIEN QUE CES DERNIERS, S'ILS ONT ÉTÉ CHÂTRÉS À DEUX ANS PLUTÔT QU'À SIX MOIS, PUISSENT RESSEMBLER À DES ÉTALONS PAR L'ALLURE, MAIS CERTAINEMENT PAS PAR LE TEMPÉRAMENT.

UNE DEMI-HEURE À PEINE APRÈS SA NAISSANCE, LE POULAIN TÈTE SA MÈRE ET SE TIENT DEBOUT TOUT SEUL, BIEN QU'ENCORE UN PEU CHANCELANT, CAR DANS LA NATURE, LA HORDE ENTIÈRE DOIT FAIRE RAPIDEMENT FACE AU MOINDRE DANGER.

DÉGINGANDÉ, PAS TRÈS SÛR DE CE QU'IL FAUT FAIRE DE SES JAMBES, SUR LESQUELLES IL LUI ARRIVE DE TRÉBUCHER, LE POULAIN A UN INCROYABLE APPÉTIT DE VIVRE.

LE NOUVEAU-NÉ : TOUT EN JAMBES ET EN OREILLES ; TURBULENT ET CURIEUX, MAIS IL A AUSSI BESOIN DE BEAUCOUP DE REPOS. À UN AN, IL AURA GRANDI; SES MUSCLES SE SERONT DÉVELOPPÉS, ET S'IL A BIEN ÉTÉ TRAITÉ DEPUIS SA NAISSANCE, IL FERA CONFIANCE AUX HUMAINS.

IL NAÎT VELU AVEC DES POILS « DE LAIT », UNE CRINIÈRE EN BROSSE ET UNE BALAYETTE EN GUISE DE QUEUE.

AQUARELLE À LAQUELLE ON A AJOUTÉ DU BLANC OPAQUE POUR LA TEXTURE DU POIL ET LES REHAUTS SUR L'ENCOLURE.

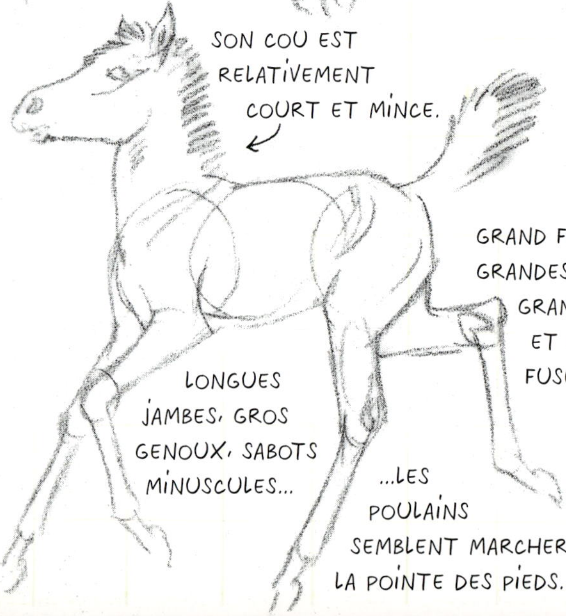

SON COU EST RELATIVEMENT COURT ET MINCE.

LONGUES JAMBES, GROS GENOUX, SABOTS MINUSCULES...

...LES POULAINS SEMBLENT MARCHER SUR LA POINTE DES PIEDS.

GRAND FRONT BOMBÉ, GRANDES OREILLES, GRANDS YEUX ET MUSEAU FUSELÉ.

SA TÊTE EST PRESQUE TRIANGULAIRE.

POULAIN SHETLAND PROTÉGÉ PAR SA MÈRE. LA CURIOSITÉ MET SOUVENT DANS DES SITUATIONS DIFFICILES...

LES POULAINS SEMBLENT N'AVOIR AUCUN SENS DE LA DIGNITÉ NI DE LA GRAVITÉ !

CI-DESSOUS, LES LONGUES JAMBES POSENT DES PROBLÈMES PRATIQUES. L'ARRIÈRE-PLAN EST SIMPLE, AVEC QUELQUES COULEURS PLUS FORTES AU PREMIER PLAN, MAIS PEU DE DÉTAILS : CE SONT LES POULAINS QUI SONT IMPORTANTS.

12 LES MEILLEURS CAVALIERS SEMBLENT FAIRE CORPS AVEC LEUR MONTURE ; ILS NE SONT PAS PERCHÉS LÀ-HAUT, STATIQUES ET RAIDES. DESSINEZ-LES COMME SI C'ÉTAIT UN AUTRE GROUPE DE FORMES BOUGEANT AVEC LES MOUVEMENTS DES CHEVAUX. LORSQUE VOUS SAUREZ DESSINER CORRECTEMENT DE BONS CAVALIERS, VOUS POURREZ VOUS ATTAQUER AUX NOVICES QUI NE SAVENT PAS S'Y PRENDRE...

SI VOUS VOULEZ FAIRE DES DESSINS RESSEMBLANTS, MAIS QUE VOUS NE SAVEZ PAS MONTER VOUS-MÊME, IL EST INDISPENSABLE DE CONNAÎTRE LA THÉORIE.

MÊME LES BONS CAVALIERS NE RESPECTENT PAS TOUJOURS LES RÈGLES. REPRÉSENTEZ-VOUS EN CAVALIER. QUE RESSENT-ON PENDANT LE TROT, LES VIRAGES, AU GALOP ?

LES ENFANTS N'ONT PAS LES MÊMES PROPORTIONS QUE LES ADULTES. ILS ONT LA TÊTE PLUS GRANDE ET LES JAMBES PLUS COURTES. PENDANT L'ADOLESCENCE, LES BRAS ET LES JAMBES S'ALLONGENT, PUIS LE CORPS COMMENCE À LES RATTRAPER ET À SE REMPLIR.

SOUVENEZ-VOUS QUAND VOUS DESSINEZ LES JAMBES, QU'ELLES SONT **FLÉCHIES** ET **ENTOURENT** LE PONEY. ELLES NE DESCENDENT PAS DROIT. ELLES SONT L'AIR PLUS COURT DE PROFIL.

SUR L'OBSTACLE, LES CAVALIERS ESSAIENT DE RESTER EN ÉQUILIBRE, SANS GÊNER LE MOUVEMENT DU CHEVAL.

① APPEL : LE CHEVAL S'ÉTEND EN TENDANT LE COU. AFIN DE NE PAS RESTER DERRIÈRE, LE CAVALIER DOIT SE PENCHER EN AVANT, UN PEU HORS DE LA SELLE, ET DONNER À SA MONTURE AUTANT DE RÊNES QU'IL A BESOIN.

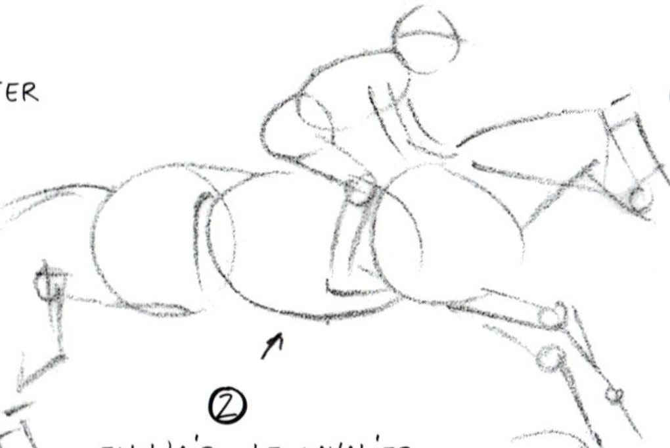

② EN L'AIR : LE CAVALIER RESTE AUSSI IMMOBILE QUE POSSIBLE, EN REVENANT DOUCEMENT SUR LA SELLE, SON POIDS SUR LE CENTRE DE GRAVITÉ.

③ RÉCEPTION : LE CAVALIER RACCOURCIT LES RÊNES, MAIS IL RESTE PENCHÉ AFIN D'ABSORBER L'IMPACT DE L'ATTERRISSAGE.

DANS LES JEUX MONTÉS : HORSEBALL, POLO, ETC., LES CAVALIERS DÉFIENT RÉGULIÈREMENT LA GRAVITÉ, CE QUI EST POSSIBLE GRÂCE À LA FORCE D'IMPULSION DE L'ANIMAL ET AU SENS DE L'ÉQUILIBRE DU CAVALIER.

VIRAGE : VOICI UNE SÉQUENCE PHOTOGRAPHIQUE : ON VOIT CLAIREMENT COMMENT NOTRE VUE DU CAVALIER CHANGE LA FORME QUE NOUS APERCEVONS, BIEN QUE CE CAVALIER SOIT ASSIS IMMOBILE SUR SA MONTURE. ESSAYEZ DE PENSER EN TROIS DIMENSIONS, POUR DONNER DE LA CRÉDIBILITÉ À VOS DESSINS. LE DOS D'UN CHEVAL EST LARGE ; LES COUDES, LES GENOUX ET LES ORTEILS DES CAVALIERS FONT SOUVENT SAILLIE.

TOUT LE MONDE NE MONTE PAS CORRECTEMENT TOUT LE TEMPS. VOICI UNE JEUNE DÉBUTANTE AU PAS. SES PIEDS SONT TROP LOIN EN AVANT, ET ELLE EST TRÈS RAIDE.

BON CAVALIER AU TROT.

CANTER. MONTER DANS LE STYLE DE CHASSE ANCIEN ASSIS EN ARRIÈRE ET PIEDS EN AVANT.

13 BEAUCOUP D'ARTISTES – MÊME LES ILLUSTRATEURS PROFESSIONNELS – PASSENT BEAUCOUP DE TEMPS À RENDRE LEUR CHEVAL MAGNIFIQUE, MAIS ENSUITE LEUR SELLERIE EST MAUVAISE. POURTANT, C'EST UN SUJET FASCINANT, BIEN QU'UN PEU COMPLIQUÉ, ET QUI VAUT LA PEINE QU'ON LE COMPRENNE. LA BRIDE EST UN SYSTÈME DE COURROIES QUI PERMET DE MAINTENIR LE MORS DANS LA BOUCHE DU CHEVAL. IL Y A DE NOMBREUX TYPES DE MORS ET DIFFÉRENTES MUSEROLLES FAITES POUR QUE LE CAVALIER PUISSE EXERCER SON AUTORITÉ QUAND IL EN A BESOIN, MAIS POUR LA PLUPART DES CHEVAUX, UN SIMPLE BRIDON ET UNE MUSEROLLE STANDARD SUFFISENT.

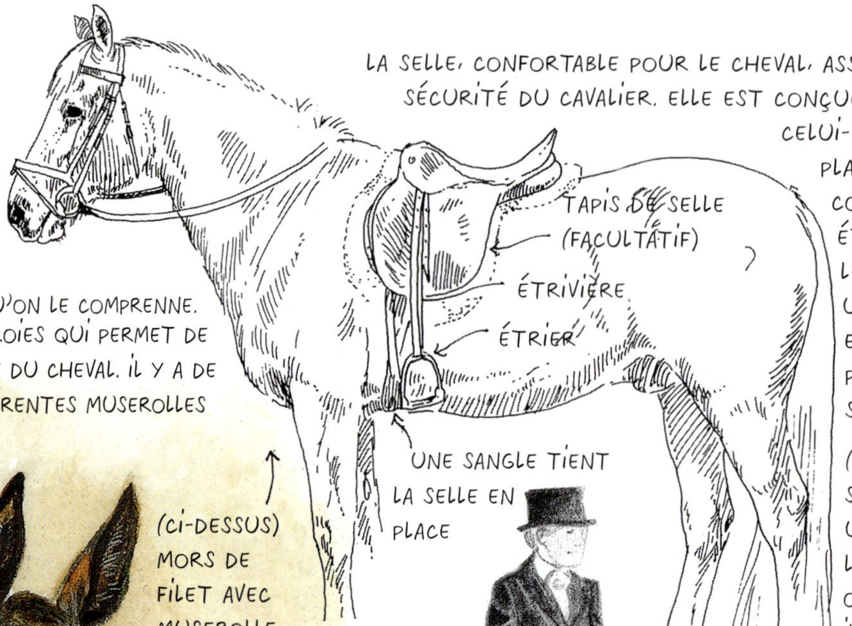

LA SELLE, CONFORTABLE POUR LE CHEVAL, ASSURE LA SÉCURITÉ DU CAVALIER. ELLE EST CONÇUE POUR QUE CELUI-CI RESTE EN PLACE : ELLE COMPORTE DES ÉTRIERS POUR LES PIEDS ET UNE PARTIE ERGONOMIQUE POUR S'ASSEOIR.

(À GAUCHE) SELLE TOUS USAGES POUR L'ÉQUITATION ORDINAIRE. IL Y A DES SELLES SPÉCIALES POUR LES DIFFÉRENTS TYPES D'ÉQUITATION : DRESSAGE, COURSE, JUMPING, ENDURANCE, ETC.

(CI-DESSUS) MORS DE FILET AVEC MUSEROLLE COMBINÉE, POUR PLUS DE CONTRÔLE.

DOUBLE BRIDE (DEUX MORS ET DEUX RÊNES) UTILISÉE PAR LES CAVALIERS EXPÉRIMENTÉS.

LE CUIR TANNÉ ET LE MÉTAL REFLÈTENT LA LUMIÈRE DE DIFFÉRENTES FAÇONS – PRINCIPALEMENT DES REHAUTS ET DES OMBRES, MAIS PAS BEAUCOUP DE COULEUR.

LA SELLE DE DAME EST UN SIÈGE ÉLÉGANT ET SÛR POUR TOUTES SORTES DE MONTES, BIEN QU'EN GÉNÉRAL, ELLE NE SOIT UTILISÉE QUE PAR LES FEMMES POUR MONTER EN AMAZONE. LA JAMBE GAUCHE REPOSE DANS L'ÉTRIER AVEC LE GENOU SOUS LA « TÊTE » INFÉRIEURE. LA TÊTE SUPÉRIEURE SUPPORTE LA CHEVILLE DROITE.

(À GAUCHE) ORIGINES DE LA SELLE MODERNE : L'ANCIENNE « SELLE ROYALE », ENVELOPPANTE AVEC UN POMMEAU HAUT (DEVANT) ET UN TROUSSEQUIN (DERRIÈRE) EST TOUJOURS UTILISÉE PAR L'ÉCOLE D'ÉQUITATION ESPAGNOLE FONDÉE AU DÉBUT DU XVIIIe SIÈCLE. LES CAVALIERS S'HABILLENT TOUJOURS SELON LA TRADITION DU XVIIIe SIÈCLE (CI-DESSUS À GAUCHE). LORSQUE LE CHEVAL TRAVAILLE SANS CAVALIER, LES ÉTRIERS SONT ATTACHÉS AFIN QU'ILS NE FLOTTENT PAS.

LA CAVALIÈRE EST ÉQUIPÉE D'UNE COURTE CRAVACHE POUR SERVIR D'AIDE SUR LE CÔTÉ OÙ ELLE NE PEUT UTILISER SA JAMBE.

LA SELLE WESTERN DÉRIVE DES SELLES DES CONQUISTADORS ET EST SOUVENT TRÈS DÉCORÉE. ELLE EST GRANDE ET LOURDE, MAIS SON POIDS EST RÉPARTI SUR UNE GRANDE SURFACE, ET UNE COUVERTURE AIDE À ÉTALER LA PRESSION. LA SANGLE (SOUS-VENTRIÈRE) PEUT S'AJUSTER SELON LE MODE D'ÉQUITATION ET LA CONFORMATION DU CHEVAL. LES ÉTRIERS SONT LARGES, EN BOIS, ET PARFOIS CLOUTÉS.

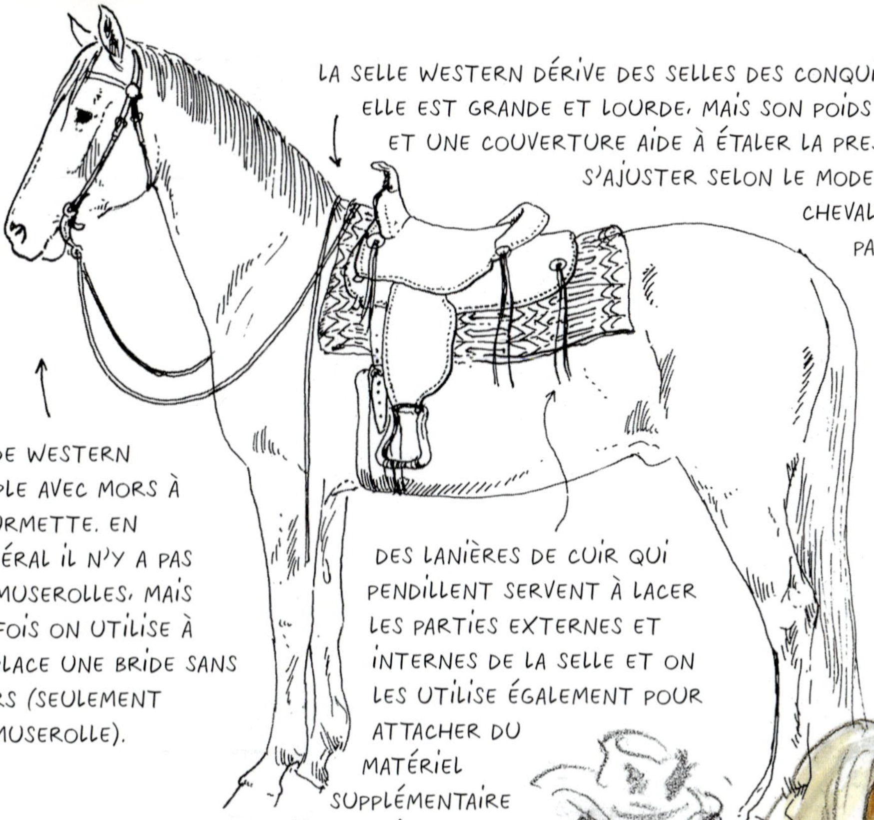

BRIDE WESTERN SIMPLE AVEC MORS À GOURMETTE. EN GÉNÉRAL IL N'Y A PAS DE MUSEROLLES, MAIS PARFOIS ON UTILISE À LA PLACE UNE BRIDE SANS MORS (SEULEMENT LA MUSEROLLE).

DES LANIÈRES DE CUIR QUI PENDILLENT SERVENT À LACER LES PARTIES EXTERNES ET INTERNES DE LA SELLE ET ON LES UTILISE ÉGALEMENT POUR ATTACHER DU MATÉRIEL SUPPLÉMENTAIRE OU DES VÊTEMENTS.

LE CAVALIER EST ASSIS NÉGLIGEMMENT SUR LA SELLE À TOUTES LES ALLURES, AVEC LA JAMBE ASSEZ DROITE, ET IL TIENT LES RÊNES LÉGÈREMENT...

...OU PAS DU TOUT, SELON LE CAS.

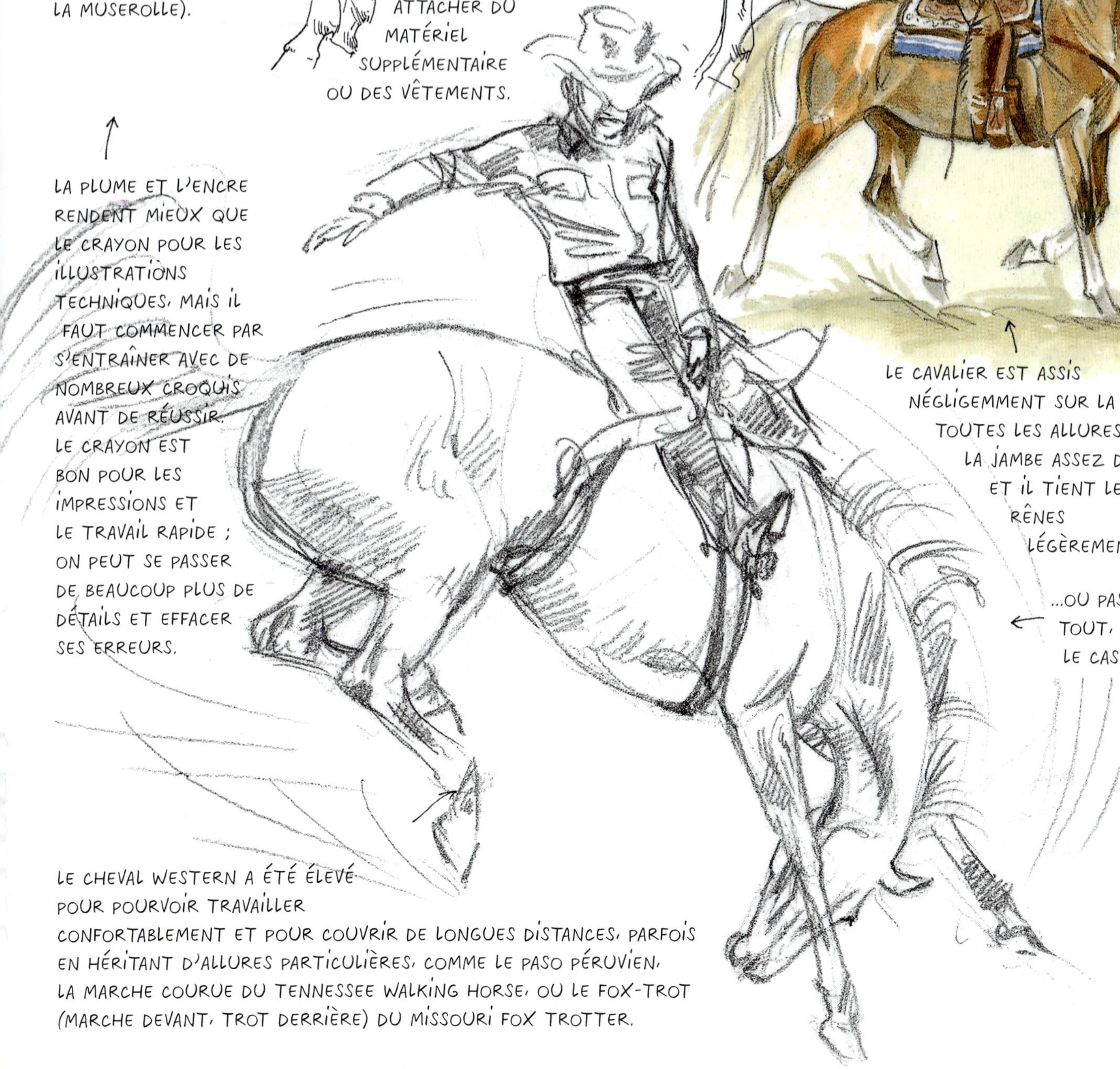

LA PLUME ET L'ENCRE RENDENT MIEUX QUE LE CRAYON POUR LES ILLUSTRATIONS TECHNIQUES, MAIS IL FAUT COMMENCER PAR S'ENTRAÎNER AVEC DE NOMBREUX CROQUIS AVANT DE RÉUSSIR. LE CRAYON EST BON POUR LES IMPRESSIONS ET LE TRAVAIL RAPIDE ; ON PEUT SE PASSER DE BEAUCOUP PLUS DE DÉTAILS ET EFFACER SES ERREURS.

LE CHEVAL WESTERN A ÉTÉ ÉLEVÉ POUR POURVOIR TRAVAILLER CONFORTABLEMENT ET POUR COUVRIR DE LONGUES DISTANCES, PARFOIS EN HÉRITANT D'ALLURES PARTICULIÈRES, COMME LE PASO PÉRUVIEN, LA MARCHE COURUE DU TENNESSEE WALKING HORSE, OU LE FOX-TROT (MARCHE DEVANT, TROT DERRIÈRE) DU MISSOURI FOX TROTTER.

UN HARNAIS POUR VOITURE EST PLUS ÉLÉGANT QU'UN HARNAIS POUR CHARRUE, MAIS LE PRINCIPE RESTE LE MÊME. LE POIDS EST SUPPORTÉ PAR LES ÉPAULES DU CHEVAL ; LA DIRECTION ET LA VITESSE SONT INDIQUÉES PAR LA VOIX, LES RÊNES ET LE FOUET. C'EST FACILE À FAIRE AVEC UN PONEY ATTELÉ, MAIS IL FAUT PLUS D'EXPÉRIENCE POUR DIRIGER UN ÉQUIPAGE DE QUATRE CHEVAUX PENDANT UNE COURSE D'OBSTACLES (VOIR PAGE SUIVANTE).

DES COURROIES ATTACHENT LE BOURRELET À LA HAMPE DE L'ATTELAGE ; UNE CROUPIÈRE PASSE SOUS LA QUEUE DE L'ANIMAL, ET UNE COURROIE PASSÉE AUTOUR DE L'ARRIÈRE-MAIN SERT DE FREIN.

LA BRIDE A TRADITIONNELLEMENT DES ŒILLÈRES, AFIN QUE LE CHEVAL NE PUISSE VOIR CE QUI LE SUIT DE SI PRÈS, ET PRENNE PEUR.

DIFFÉRENTES SORTES D'OMBRAGES : POINTS, TRAITS, ETC.

LE HACKNEY EST TRÈS ÉLÉGANT QUAND IL EST HARNACHÉ.

SCÈNE RURALE. RAPIDE CROQUIS À L'AQUARELLE SÉPIA, DE LA COULEUR DES VIEILLES PHOTOS PASSÉES.

Le matériel pour les courses de trot est solide, mais extrêmement léger. Le pilote sur le sulky pose les pieds sur des « étriers », simples boucles sur les hampes.

Ces chevaux ont été élevés pour trotter exceptionnellement vite ou pour aller au pas : les jambes d'un même côté se déplacent ensemble en un trot balancé.

Des protections empêchent le cheval de forger (de se blesser les talons antérieurs avec les sabots postérieurs).

Équipage à quatre dans un virage. Les aides, à l'arrière, jouent le rôle de stabilisateurs se penchant d'un côté ou de l'autre.

En général on place un cheval expérimenté avec un novice.
Le couple arrière supportera une grande partie du poids et portera des bourrelets attachés aux hampes, contrairement au couple de tête qui porte ici une bricole attachée à une barre.

Carrosse du XIXe siècle à quatre chevaux portant leur harnachement complet.

15 LES DIFFÉRENTES RACES DE CHEVAUX SONT SOUVENT ADAPTÉES AUX DIFFÉRENTS SPORTS.

LES TRADITIONS SPORTIVES ET LES STYLES D'ÉQUITATION ONT ÉVOLUÉ DEPUIS DES CENTAINES D'ANNÉES. LES ORIGINES HISTORIQUES DE CERTAINES SONT ENCORE VISIBLES, TANDIS QUE D'AUTRES, COMME LA COURSE, CHANGENT DE MANIÈRE PHÉNOMÉNALE AVEC LES INNOVATIONS EN MATIÈRE D'EFFICACITÉ ET DE SÉCURITÉ. UN JOCKEY DE PLAT EST PETIT ET LÉGER, IL MONTE COURT, EN ÉQUILIBRE, ET IL EST FUSELÉ. POUR LE JUMPING ET LES MANIFESTATIONS SPORTIVES, LES CAVALIERS ONT BESOIN D'UNE SELLE ADAPTABLE QUI LEUR PERMET D'UNE PART D'ALLER TRÈS VITE AVEC LEUR MONTURE ET DE PASSER LES OBSTACLES, ET D'AUTRE PART DE DIRIGER LES CHANGEMENTS SOUDAINS DE DIRECTION. LE CAVALIER DE DRESSAGE EMPLOIE UN SIÈGE CLASSIQUE, S'ASSOIT PROFONDÉMENT DANS LA SELLE, BIEN DROIT, AVEC UNE BONNE LONGUEUR D'ÉTRIER, CE QUI PERMET AU CHEVAL DE RÉPONDRE À LA PLUS SUBTILE DES AIDES ET AVEC UN MAXIMUM D'OBÉISSANCE.

LES CHEVAUX DE DRESSAGE DOIVENT AVOIR UNE BONNE CONFORMATION, AGIR RAPIDEMENT, ET AVOIR BON CARACTÈRE POUR AFFRONTER LA TENSION D'UN ENTRAÎNEMENT AVANCÉ.

UNE TENUE TRADITIONNELLE EST TOUJOURS DE RIGUEUR DANS LE DRESSAGE AVANCÉ (ICI EN ANGLETERRE).

UNE SELLE DE COURSE EST MINUSCULE ET TRÈS LÉGÈRE ; LE TAPIS DE SELLE COMPORTE DES POCHES POUR LES POIDS. LA SELLE D'OBSTACLES (PAGE SUIVANTE EN HAUT) A UN QUARTIER DE SELLE ARRONDI POUR SUPPORTER LE GENOU ; CELUI DE LA SELLE DE DRESSAGE EST PLUS DROIT.

LES CHEVAUX DE COURSE SONT DES PUR-SANG, RÉSULTAT DE QUATRE SIÈCLES D'ÉLEVAGE POUR LA VITESSE. ILS SONT ÉLANCÉS ET PUISSANTS, ONT UNE CAGE THORACIQUE DÉVELOPPÉE QUI INDIQUE UNE BONNE CAPACITÉ PULMONAIRE, ET ILS SONT VITE MATURES : ILS COMMENCENT LA COURSE DÈS L'ÂGE DE 2 ANS ET SONT DÉJÀ « VIEUX » À 4, LORSQUE LA PLUPART DES AUTRES CHEVAUX COMMENCENT À PEINE L'ENTRAÎNEMENT.

LES PONEYS DE POLO DOIVENT ÊTRE COURAGEUX, VIFS, CAPABLES DE S'ARRÊTER NET, DE TOURNER SUR PLACE ET DE GALOPER SANS EFFORT. LES CAVALIERS ONT SOUVENT BESOIN D'UNE AIDE SUPPLÉMENTAIRE POUR LES AVOIR BIEN EN MAIN : DES MORS PUISSANTS, DES MUSEROLLES ADDITIONNELLES, ETC.

LES CHEVAUX QUI SONT BONS EN JUMPING ONT L'ARRIÈRE-MAIN BIEN DÉVELOPPÉE ET LE DOS ET LES JAMBES PUISSANTS. UNE BONNE LONGUEUR CORPORELLE LEUR PERMET DE S'AIDER SUR UN OBSTACLE.

CE CHEVAL EST MONTÉ AVEC UN « HACKAMORE », BRIDE SANS MORS QUI EXERCE LA PRESSION SUR LE NEZ ET LA NUQUE.

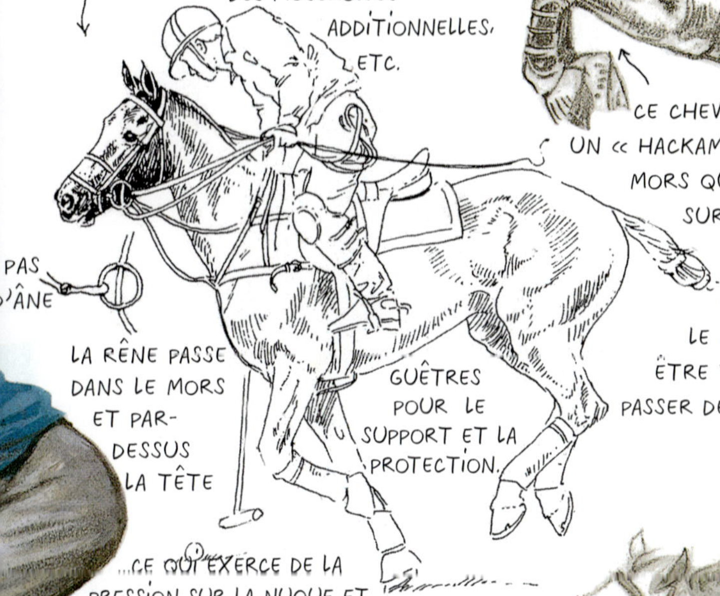

ÉQUITATION DANS LA CAMPAGNE ; LE CHEVAL ET SON CAVALIER DOIVENT ÊTRE VIFS ET ÉQUILIBRÉS POUR PASSER DE TELLES BARRIÈRES.

...CE QUI EXERCE DE LA PRESSION SUR LA NUQUE ET LA BOUCHE. UNE RÊNE SUPPLÉMENTAIRE PARTANT DE LA SELLE PAR LE MORS, ET QUI REVIENT DANS LA MAIN (RÊNE COURANTE) PERMET UN MEILLEUR CONTRÔLE.

POUR DONNER L'IMPRESSION DE VITESSE, OMETTEZ LES DÉTAILS ET CONCENTREZ-VOUS SUR L'EFFET VISUEL DE PUISSANCE ET DE MOUVEMENT. DES MUSCLES CONTRACTÉS, DES TRAITS MULTIPLES ET DES IMAGES « FLOUES » INDIQUENT LA VITESSE. DÉCIDEZ SUR QUELLE PARTIE DE VOTRE DESSIN VOUS VOUS FOCALISEZ, ET RENFORCEZ-LA EN CE QUI CONCERNE LE TRAIT ET LA COULEUR.

LA MANIFESTATION SPORTIVE DEMANDE UN ATHLÈTE COMPLET, COOPÉRATIF, DRESSÉ À HAUT NIVEAU, RAPIDE ET AUDACIEUX, D'UNE VIGUEUR EXCEPTIONNELLE SUR UNE COURSE LONGUE DE CROSS-COUNTRY ET ASSEZ DISCIPLINÉ POUR AFFRONTER LA PHASE DE SAUT D'OBSTACLES. LES CAVALIERS DOIVENT AUSSI ÊTRE EN FORME !

AMUSEZ-VOUS À CRÉER DES ARRIÈRE-PLANS. PLACEZ VOS CHEVAUX DANS UN CONTEXTE, ET VOUS OBTIENDREZ UN TABLEAU PLUTÔT QU'UNE SIMPLE ÉTUDE. UTILISEZ VOTRE IMAGINATION AINSI QUE DES DOCUMENTS D'INFORMATION : UN SENTIER CALME, LA NATURE SAUVAGE, UN PAYSAGE PASTORAL, LE ROMANTISME, LE PALPITANT, LE FANTASTIQUE... L'ARRIÈRE-PLAN DOIT FAIRE PARTIE INTÉGRANTE DE VOTRE DESSIN : ON N'Y PENSE PAS APRÈS COUP.
IL PEUT MÊME VOUS DONNER DES AVANTAGES : DE LONGUES HERBES OU DE L'EAU VOUS ÉVITERONT DE REPRÉSENTER LES SABOTS SI VOUS PRÉFÉREZ DESSINER LES TÊTES. UNE PORTE D'ÉCURIE FAIT UN BON CADRE, MAIS N'ÉVITEZ PAS LE DÉFI : C'EST SEULEMENT EN ESSAYANT DE FAIRE DES CHOSES NOUVELLES QUE VOUS VOUS AMÉLIORERZ.

← DESSINER D'APRÈS NATURE : LES CHEVAUX NE RESTANT PAS IMMOBILES, IL FAUT ÊTRE RAPIDE. COMMENCEZ PAR DESSINER DES TRAITS QUI REPRÉSENTENT LEUR MASSE ET LEURS MOUVEMENTS, PUIS AJOUTEZ PLUS DE DÉTAILS SI VOUS EN AVEZ L'OCCASION.

DANS LES PRÉS VEILLEZ À VOTRE PROPRE SÉCURITÉ, LES CHEVAUX PEUVENT ÊTRE IMPRÉVISIBLES.

RESTEZ PRÈS D'UNE CLÔTURE OU D'UNE BARRIÈRE ET ASSUREZ-VOUS QUE QUELQU'UN SAIT OÙ VOUS ÊTES.

(NB NE FAITES PAS DE CROQUIS SUR UNE PROPRIÉTÉ PRIVÉE, SANS AUTORISATION PRÉALABLE).

17 LES CHEVAUX NE SONT NI DES MACHINES QUI FONT TOUT CE QU'ON LEUR DEMANDE DE FAIRE, NI DES HUMAINS À QUATRE JAMBES. ILS NE PARTAGENT NI **NOS** SENTIMENTS NI NOS VALEURS ; CE SONT DES ÊTRES QUI SUIVENT CERTAINES LIGNES DE PENSÉE ET DE COMPORTEMENT ; ILS SENTENT ET RÉPONDENT À DES CHOSES QUI NOUS SONT TOTALEMENT INCONNUES.
ILS APPRENNENT PAR LA RÉPÉTITION, ET PAR LE RENFORCEMENT DE LEURS INSTINCTS ET DE LEURS CAPACITÉS FONDAMENTALES. ILS SE SOUVIENNENT AUSSI PENDANT TRÈS LONGTEMPS DES MAUVAIS TRAITEMENTS.

CHEVAL AUTORITAIRE MENAÇANT UN CONGÉNÈRE NERVEUX. MÊME AU SEIN D'UN PETIT GROUPE IL Y A UNE HIÉRARCHIE.

LE TOILETTAGE MUTUEL EST UN GESTE PASSIF ET AMICAL.

LES CHEVAUX COMMUNIQUENT PAR LE LANGAGE CORPOREL ; ON PEUT ARRIVER À EN COMPRENDRE UNE GRANDE PARTIE SI ON PASSE DU TEMPS AVEC EUX ET QU'ON LES OBSERVE. PLUS ON EN SAIT, PLUS NOS DESSINS SONT VIVANTS ET RÉALISTES.

CE NE SONT PAS DES MORSURES, MAIS DES MORDILLAGES !

APEURÉ, AGRESSIF, MENAÇANT DE MORDRE OU DE RUER.
LES OREILLES SONT À PLAT EN ARRIÈRE SUR LE CRÂNE, LES YEUX SONT GRAND OUVERTS ET LAISSENT VOIR LE BLANC ; LES NASEAUX SONT DILATÉS ; LA PEAU EST CONTRACTÉE.

ON NE PEUT ENTRAÎNER UN CHEVAL À FAIRE QUELQUE CHOSE QUI VA À L'ENCONTRE DE SA NATURE...

...MÊME LA HAUTE ÉCOLE EST UN RAFFINEMENT DE MOUVEMENTS NATURELS, FAITS SUR COMMANDE.
REGARDEZ JOUER, BONDIR DES POULAINS DANS UN PRÉ D'UNE MANIÈRE SPONTANÉE ET DÉGINGANDÉE...

...OU FAIRE UNE COURBETTE.

(À GAUCHE) SUR LE QUI-VIVE, PRÊTS À COURIR, DÉCRYPTANT LES MOINDRES SIGNAUX ET SONS.

LES OREILLES OSCILLENT, LES YEUX REGARDENT D'UN CÔTÉ À L'AUTRE POUR ESSAYER D'IDENTIFIER LA SOURCE D'UN DANGER POTENTIEL ; LES MUSCLES SONT CONTRACTÉS EN VUE DE L'ACTION. SOUDAIN, LE CHEVAL DOMINANT FAIT VOLTE-FACE POUR COURIR, SUIVI PAR LES AUTRES. DANS UN PRÉ SANS DANGER, LES CHEVAUX PEUVENT GALOPER, FAIRE DES HAUT-DE-CORPS OU RUER SUR DE COURTES DISTANCES, MAIS DANS LA NATURE CELA POURRAIT CRÉER UNE PANIQUE GÉNÉRALE.

IL FAUT BEAUCOUP D'ENTRAÎNEMENT ET D'ÉQUILIBRE POUR CONTRÔLER UN MOUVEMENT...

...QUI SEMBLE NATUREL AUX JEUNES QUI CHERCHENT À S'IMPOSER.

18 LES PORTRAITS SONT PLUS FACILES À FAIRE D'APRÈS DES PHOTOS (SI ELLES SONT NETTES ET QUE LEURS COULEURS SONT NATURELLES) QUE D'APRÈS NATURE.

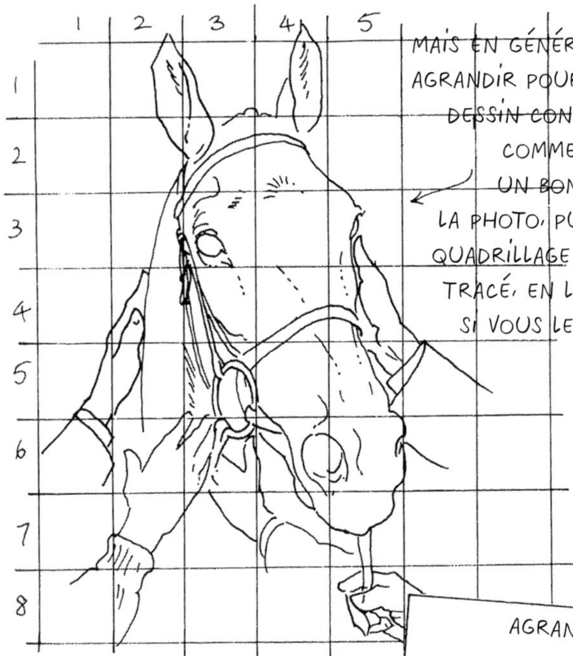

MAIS EN GÉNÉRAL IL FAUT LES AGRANDIR POUR OBTENIR UN DESSIN CONVENABLE.

COMMENCEZ PAR FAIRE UN BON DÉCALQUE DE LA PHOTO, PUIS FAITES UN QUADRILLAGE PRÉCIS SUR LE TRACÉ, EN LE NUMÉROTANT SI VOUS LE DÉSIREZ.

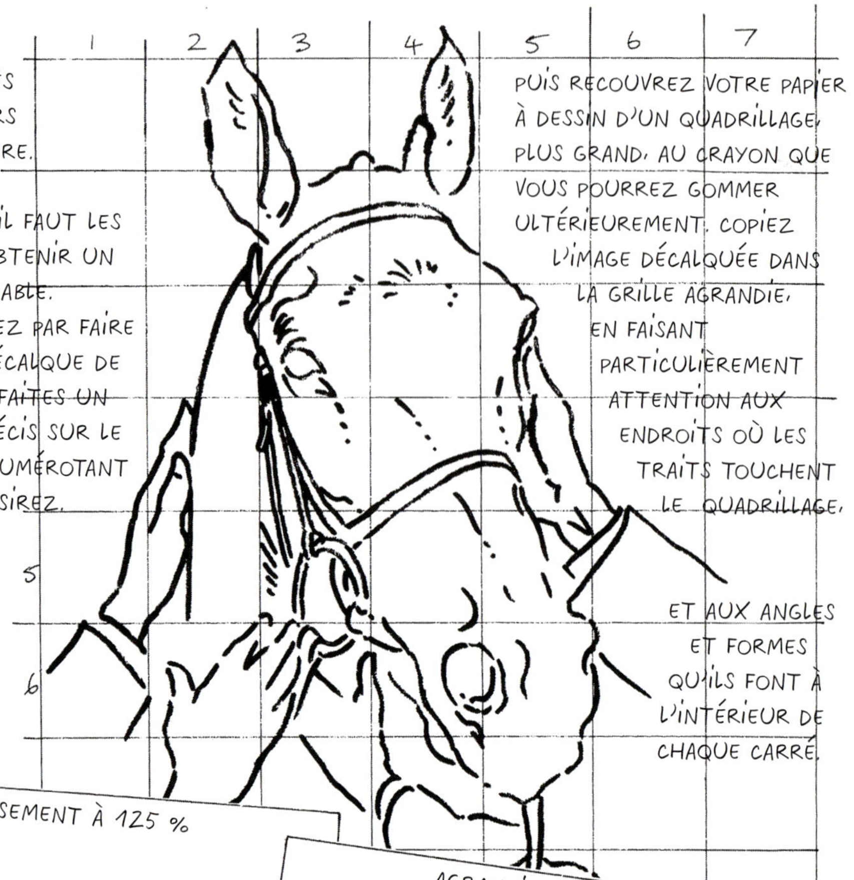

PUIS RECOUVREZ VOTRE PAPIER À DESSIN D'UN QUADRILLAGE, PLUS GRAND, AU CRAYON QUE VOUS POURREZ GOMMER ULTÉRIEUREMENT. COPIEZ L'IMAGE DÉCALQUÉE DANS LA GRILLE AGRANDIE, EN FAISANT PARTICULIÈREMENT ATTENTION AUX ENDROITS OÙ LES TRAITS TOUCHENT LE QUADRILLAGE,

ET AUX ANGLES ET FORMES QU'ILS FONT À L'INTÉRIEUR DE CHAQUE CARRÉ.

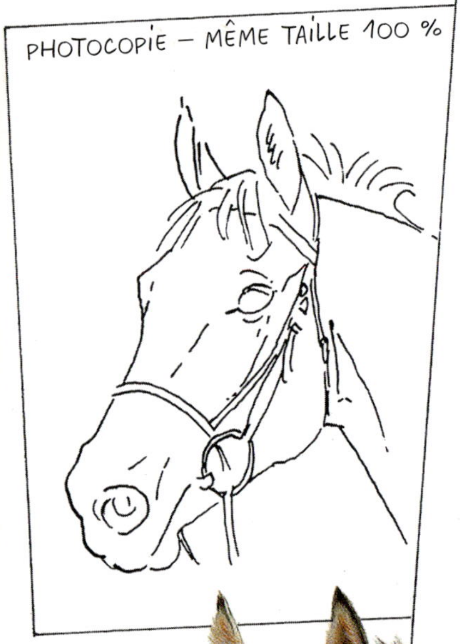

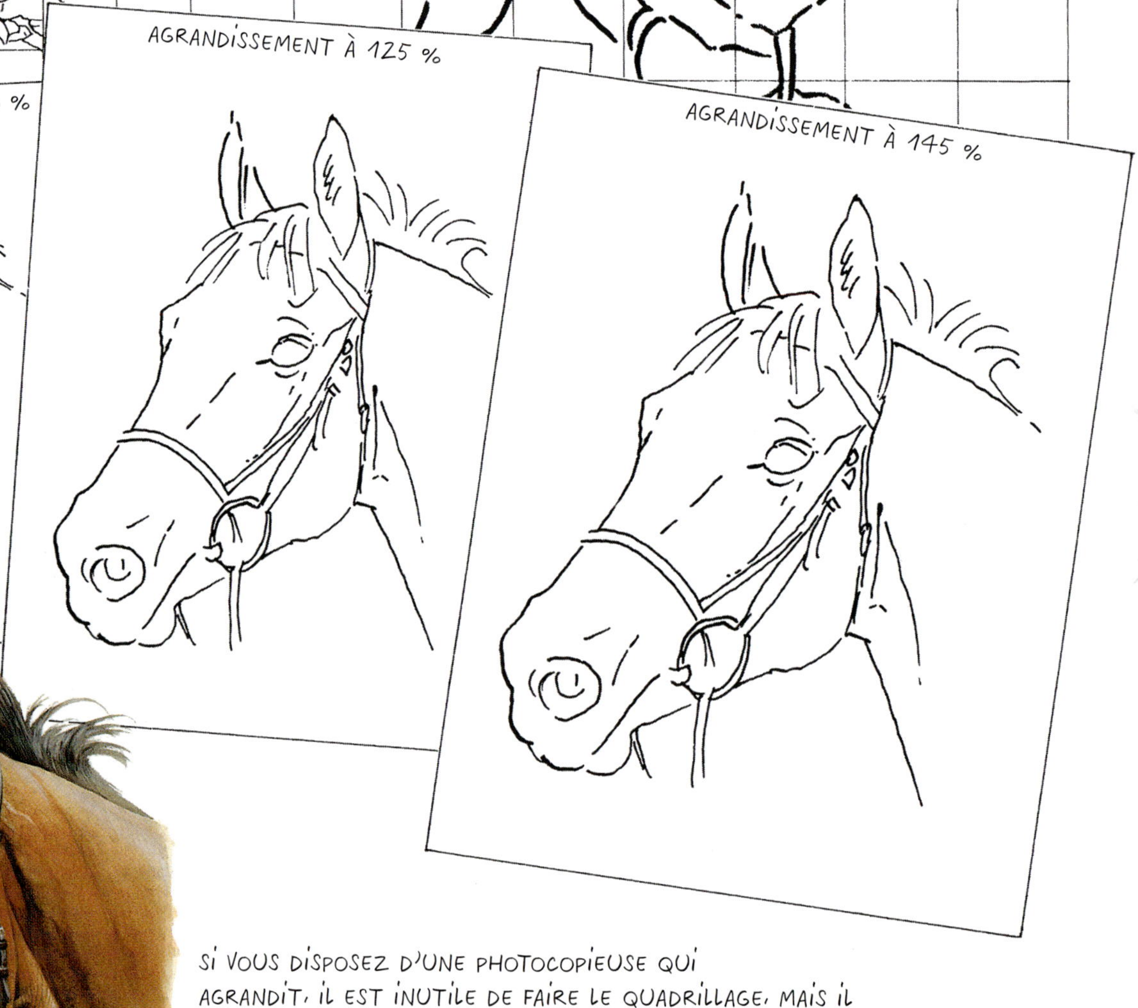

SI VOUS DISPOSEZ D'UNE PHOTOCOPIEUSE QUI AGRANDIT, IL EST INUTILE DE FAIRE LE QUADRILLAGE, MAIS IL VOUS FAUDRA QUAND MÊME TRANSFÉRER VOTRE PHOTOCOPIE SUR LA FEUILLE DE PAPIER À DESSIN.

AVEC LE CÔTÉ – PAS LA POINTE – D'UN CRAYON TENDRE, NOIRCISSEZ LE VERSO DE LA COPIE AGRANDIE, PUIS AVEC LE RECTO POSÉ BIEN EN PLACE SUR LA FEUILLE, REPASSEZ SUR LES TRAITS AFIN DE LAISSER UN LÉGER TRAIT AU CRAYON SUR LA FEUILLE.

MÉLANGE DE CRAYONS TENDRE ET DUR

L'AQUARELLE ET LA GOUACHE FONT GONDOLER LE PAPIER, À MOINS DE L'AVOIR TENDU D'ABORD, CE QUI N'EST PAS DIFFICILE : TREMPEZ DU PAPIER POUR AQUARELLE DE BONNE QUALITÉ DANS DE L'EAU, PENDANT AU MOINS 10 MINUTES. SORTEZ-LE, LAISSEZ-LE ÉGOUTTER, PUIS PLACEZ-LE SUR UNE PLANCHE SOLIDE, EN ENLEVANT L'EXCÈS D'EAU.

HUMIDIFIEZ LE CÔTÉ COLLANT DE QUATRE MORCEAUX DE PAPIER COLLANT KRAFT ET PLACEZ-LES SUR LES BORDS DE LA FEUILLE (VOIR CI-DESSOUS À DROITE). N'OUBLIEZ PAS DE FAIRE CHEVAUCHER LE PAPIER COLLANT AUX COINS. LAISSEZ-LE SÉCHER NATURELLEMENT. LE PAPIER RÉTRÉCIT EN SÉCHANT, MAIS COMME IL EST MAINTENU AUX COINS, IL NE VA PAS GONDOLER, MÊME AVEC LE LAVIS LE PLUS HUMIDE. POUR L'ENLEVER DÉCOUPEZ AUTOUR DU PAPIER.

UTILISEZ UNE PLANCHE QUI NE PLIE PAS AVEC LA TENSION DU PAPIER

CRAYON TENDRE SEULEMENT

SI ON VOUS DEMANDE DE FAIRE UN PORTRAIT, IL EST INUTILE QUE CE SOIT UNE PEINTURE PARFAITE, MAIS ELLE DOIT CEPENDANT REPRÉSENTER LE CHEVAL SOUS SON MEILLEUR ANGLE ET AVEC BEAUCOUP DE CARACTÈRE.

LES PEINTURES À L'HUILE ET ACRYLIQUES MARCHENT MIEUX SUR DU PAPIER PRÉPARÉ, UN TABLEAU (TOUT PRÊT OU QU'ON PRÉPARE SOI-MÊME) OU SUR UNE TOILE TENDUE SUR UN CADRE ET APPRÊTÉE. ON PEUT ACHETER DES APPRÊTS DE SPÉCIALISTE OU UTILISER UNE ÉMULSION BLANCHE MATTE (DILUÉE, SINON ELLE LAISSERA DES EMPÂTEMENTS DE PEINTURE).

VOTRE PEINTURE PEUT-ELLE RACONTER UNE HISTOIRE ? DE QUELLE RACE DE CHEVAL OU DE PONEY S'AGIT-IL ? QUE PENSE-T-IL ? QUE VIENT-IL DE FAIRE ? QU'EST-IL SUR LE POINT DE FAIRE ? ESSAIE-T-IL DE VOUS DIRE QUELQUE CHOSE ?

COMMENT PEUT-ON LE MIEUX RENDRE LA TEXTURE ET LE CARACTÈRE ? JUXTAPOSE-T-ON DES COULEURS FORTES, OU UTILISE-T-ON UN MÉLANGE SUBTIL ? ET LES REHAUTS ET LES OMBRES ? EXPÉRIMENTEZ AVEC DIVERSES PEINTURES ; CERTAINES SONT PLUS EFFICACES SI ON LES UTILISE SPONTANÉMENT ; D'AUTRES DOIVENT ÊTRE MAÎTRISÉES.

19

TROUVEZ LA PLAISANTERIE.

L'HUMOUR EST PARTOUT ; ÉNERGIQUE, SATYRIQUE, GENTIL OU IRONIQUE. ESSAYEZ DE VOIR LA VIE DU POINT DE VUE DU PONEY. PRENEZ DU RECUL. RENDEZ POSSIBLE L'IMPOSSIBLE. TOUT PEUT ARRIVER.

COMMENT PEUT-ON COMMENCER À DESSINER DES CARICATURES ? FAITES UNE GRIMACE. QUE FONT VOTRE BOUCHE ? VOS YEUX ? VOS SOURCILS ? QUELLES SONT LES RIDES QUI APPARAISSENT SUR VOTRE VISAGE ET QUE RESSENTEZ-VOUS ? POUVEZ-VOUS FAIRE LA MÊME CHOSE SUR LA FACE D'UN PONEY ?

ESSAYEZ DE RENDRE LE CARACTÈRE, MÊME SI CE N'EST PAS UNE CARICATURE.

MÊME DANS LES CARICATURES, LES LOIS DE L'ANATOMIE DOIVENT ÊTRE OBSERVÉES...

LA VÉRITÉ EST SOUVENT PLUS ÉTRANGE QUE LA FICTION !

(AUTRE BLAGUE)

LA RAPIDITÉ EST INDISPENSABLE. SI VOUS TRAVAILLEZ TROP LONGTEMPS SUR UNE CARICATURE, ELLE PERDRA QUELQUE CHOSE. C'EST UNE « STÉNOGRAPHIE » : CHERCHEZ LES TRAITS QUI EN DISENT LE PLUS SUR LA FORME, L'ACTION ET L'EXPRESSION. OUBLIEZ LE RESTE. EXAGÉREZ SI NÉCESSAIRE. PRENEZ DES RACCOURCIS.

IMPLIQUEZ-VOUS DANS VOS PERSONNAGES

LES CHEVAUX PEUVENT ÊTRE TRÈS HUMAINS...

LES BD DEMANDENT UN PEU DE PRATIQUE, MAIS PLUS ON EN FAIT, PLUS C'EST FACILE.

IL Y A UN CÔTÉ AMUSANT DANS TOUTES LES SITUATIONS, MÊME LES PLUS SIMPLES.

NE VOUS LAISSEZ PAS INFLUENCER PAR LES AUTRES DESSINATEURS. QU'EST-CE QUI **VOUS** FAIT RIRE ?

ET NE VOUS LAISSEZ PAS DÉCOURAGER PAR VOS PREMIERS ESSAIS !

D'APRÈS ANNIE APPREND À MONTER. © J.A. ALLEN & CO. LTD.

ILLUSTRER DES HISTOIRES, AVEC OU SANS TEXTE, EST UNE DISCIPLINE QUI DEMANDE DE LA CONFIANCE EN SOI AFIN DE DESSINER LES CHOSES SOUS DES ANGLES INHABITUELS. LES IMAGES FIGÉES NE CONVAINQUENT PERSONNE.

① ← L'HISTOIRE COMMENCE SIMPLEMENT PAR DES TRAITS, SANS OMBRE NI COULEUR. LES PERSONNAGES SONT PRÉSENTÉS.

LES PERSONNAGES (HUMAINS ET ÉQUINS) DOIVENT ÊTRE RECONNAISSABLES, QUOI QU'ILS SOIENT EN TRAIN DE FAIRE. ACCENTUEZ CE QUI EST IMPORTANT DANS L'HISTOIRE ; LE RESTE PEUT ÊTRE LAISSÉ À L'IMAGINATION. IL EST INUTILE DE TOUT METTRE.

② ← L'HISTOIRE SE DÉROULE AVEC UN PEU DE COULEUR, PUIS LES PERSONNAGES ACQUIÈRENT SOUDAIN UNE PERSONNALITÉ.

DANS L'ART, LES FANTAISIES PEUVENT DEVENIR RÉALITÉ (ET AUSSI PARFOIS DANS LA VIE). RIEN NE DOIT ÊTRE IMPOSSIBLE. MAIS SI VOUS VOULEZ QUE LES AUTRES PUISSENT ENTRER DANS LE MONDE QUE VOUS CRÉEZ, IL FAUT ÊTRE LOGIQUE ET Y CROIRE VOUS-MÊME, CE QUI SIGNIFIE QUE VOUS FEREZ PAS MAL D'ERREURS AVANT D'Y ARRIVER. NOUS APPRENONS D'APRÈS NOS ERREURS, ALORS ACCROCHEZ-VOUS, CELA EN VAUT LA PEINE.

③ → UN NOUVEAU MONDE APPARAÎT.

Traduit de l'anglais par Simone Honnorat, Éditions Vigot.

Dépôt légal : mars 2001 – ISBN 978 2 7114 1466 6
Imprimé France par l'Imprimerie Pollina, numéro d'impression : L54309